中华名楼

曾大兴 ◎ 著

中国财经出版传媒集团
中国财政经济出版社

图书在版编目(CIP)数据

中华名楼 / 曾大兴著. —北京：中国财政经济出版社，2019.8
ISBN 978-7-5095-8619-8

Ⅰ.①中… Ⅱ.①曾… Ⅲ.①楼阁—名胜古迹—介绍—中国 Ⅳ.①K928.74

中国版本图书馆CIP数据核字（2018）第246738号

责任编辑：李昊民　刘孺泾　　　责任印制：张　健
责任校对：李　丽　　　　　　　封面设计：陈宇琰

中国财政经济出版社 出版

URL：http：//www.cfeph.cn

E-mail：cfeph@cfemg.cn

（版权所有　翻印必究）

社址：北京市海淀区阜成路甲28号　邮政编码：100142

营销中心电话：010-88191537

北京时捷印刷有限公司印刷　各地新华书店经销

787×1092毫米　16开　16印张　182 000字

2019年8月第1版　2019年8月北京第1次印刷

定价：56.00元

ISBN 978-7-5095-8619-8

（图书出现印装问题，本社负责调换）

本社质量投诉电话：010-88190744

打击盗版举报热线：010-88191661　　QQ：2242791300

自序

本书是我在中央电视台《百家讲坛》栏目讲"中华名楼"时使用的一个讲稿,这个讲稿费了我不少心力。我的体会是,写一集讲稿所费的心力不亚于写一篇学术论文。因为我要适应四个方面的要求:一要适应中央电视台这个媒体的要求,二要适应广大普通观众的要求,三要适应专业学者的要求,四要适应我本人的要求。

第一、第二、第四点要求,大家都能理解。第三点要求,我需要做一点解释。有人认为,《百家讲坛》只是一个大众讲坛,不是专业的学术讲坛。我不这样认为,因为大众是一个非常宽泛的概念,它包含所有的人,其中就有学者。据我所知,许多学者是看《百家讲坛》这个节目的。例如"中华名楼"这个节目在播出期间,就有许多知名学者在看。我的许多同事、同行、同学、老师也在看。因此,我得同时考虑适应他们的要求。

为了满足上述四个方面的要求,我在以下几个方面是费了一些心力的:

一是选题。中华名楼有很多,仅罗哲元、柴福善编著的《中华名楼》一书就收录了171座名楼。不过,据我所知,中华名楼远不止这些。例如江苏徐州的黄楼、燕子楼,江苏镇江的北固楼,四川阆中的滕王阁等就没有被他们收录进去。中华名楼既然多的是,我为什么要选择这八座楼来讲呢?原因是这八座楼不仅很有名,而且都与文学有重要关系,属于文学地理学所讲的"文学景观"。我多年从事文学地理学的研究,对"文学景观"作过一些考察。"文学景观"是一种富有魅力的景观,我相信大家会很感兴趣。

二是寻找故事。《百家讲坛》这个节目,每一集长达45分钟,如果其中没有动人的故事,别说普通观众看不下去,专业学者也是难以看下去的。但是讲文学不同于讲历史,文学的故事没有历史的故事那样丰富,因此我必须仔细寻找和发掘这些文学景观背后的故事。

三是提炼主题。文学景观是文学与地理环境相互作用的结果,它是写在大地上的文学,其内涵是非常丰富的,不同的作者和读者(观众)会赋予它不同的内涵,但是我必须从它们各自的丰富内涵中提炼一个主题,这个主题对观众来讲,应该是既富有文化底蕴,又富有现实意义和启发性的。这也需要花费很多心力。

四是现地考察。文学地理学研究有一种方法,叫"现地研究法",也就是把文献考证和田野调查相结合,对文学作品的"原产地"作深入、细致的考察。关于我所讲的这八座名楼的地理位置、始建年代、损毁与重建的情形,它们的性质和特点,以及在这八座名楼所产生的文学名作,还有相关作家的生平、遭遇与行踪等,历来都有一些文献记载,有的来自正史,有的来自文人笔记,有的来自地方史志,有的来自民间传说,往往有着不同的说法,有的甚至众说纷纭,莫衷一是。究竟哪一种说法是真实可靠的,是可以介绍给广大观众的,这就需要考证。我的办法是，把所有的相关文献记载都搜罗拢来，先做一个初步的研究，然后再结合田野调查的结果进行甄别。这八座名楼我都去考察过，有的楼还不只考察一次。我到了名楼所在地，不仅要看楼，还要搜集当地的文献，还要走访当地的文史专家，听听他们的说法。然后再把我之所见、我之所闻，综合起来进行考证。考证清楚之后，我才开始构思讲稿。现地考察除了可以考证有关文献记载的真伪外，还有一个好处，就是培养感觉。有时候要写一座楼，看了许多文献，酝酿了多日，就是找不到感觉，但是一到当地，看到名楼，看到有关文学名作的"原产地"，或者听到某个民间传说，感觉就有了，就知道如何构思、如何下笔了。

五是努力做到雅俗共赏。每篇讲稿写出来之后，我都会在第一时间发给编导看，编导会提出一些修改意见，其中最主要的意见，就是要通俗，要大众化。我的原则是：文献必须靠得住，观点必须是我自己的，语言方面则尽量做到通俗易懂。我所使用的文献，都要详细注明出处，像写论文一样。学者们如果有兴趣，是可以核查的。这是我满足学者需求的一面。但是，在观点上，我必须坚持自己的。我平时做学术研究，最反对人云亦云，讲课也是如此。当然，在一个大众讲坛，不可能从头至尾都讲自己的观点，还要讲一些常识性的东西。但是，在景观主题的提炼上，在有关史料的判断上，在有关作品的解读上，在有关人物的评价上，我是有许多自己的观点的。细心的读者（观众）不妨留意一下。可以说，我的多数观点不仅前人没有讲过，我自己平时也没有讲过。如果有充裕的时间，是完全可以把这些观点写成专业论文发表的。在这一方面，我是适应了自己的需求。

最后，我要感谢中央电视台《百家讲坛》的编导魏学来先生。从写稿到讲授，他都提了许多建设性的意见。我要感谢八座名楼所在地的有关领导、专家和工作人员，他们为我的田野调查提供了许多方便。我要感谢广州大学党委宣传部和网络中心的老师，他们在节目的后期制作中给予了热情的支持。我要感谢中国文学地理学会的多位同仁，他们为我的田野调查做了许多联络工作，有时甚至是从头至尾地陪同。

  总之，一个电视系列节目的顺利播出和一部讲稿的顺利出版，是大家通力合作的结果，我只是其中的一员。如果节目和讲稿在文字内容上有不足之处，那是我的责任。我乐意接受广大观众和读者的批评，并在今后努力改正！

曾大兴
2018 年 3 月 11 日
于广州世纪绿洲寓所

目录

黄鹤楼

崔颢题诗在上头 / 3

因文学而名满天下 / 4
崔颢题诗,李白搁笔 / 7
芳草萋萋鹦鹉洲 / 10

李白三上黄鹤楼 / 16

故人西辞黄鹤楼 / 16
雪点翠云裘,送君黄鹤楼 / 20
黄鹤楼中吹玉笛 / 21
烟波江上使人愁 / 25

岳阳楼

家国情怀岳阳楼 / 31

"诗仙"李白与岳阳楼的得名 / 31

"诗圣"杜甫的忧国之泪 / 34

"诗隐"孟浩然的济世之志 / 38

万家忧乐到心头 / 42

不在现场的写作 / 42

特殊的生活经历 / 44

古仁人之心 / 46

以天下为己任 / 51

滕王阁

登高作赋滕王阁 / 57

家君作宰,路出名区 / 58
萍水相逢,尽是他乡之客 / 62
穷且益坚,不坠青云之志 / 65

伤今怀古话滕王 / 69

滕王三建滕王阁 / 69
滕王蛱蝶江都马 / 73
杜甫心中的滕王 / 77

浔阳楼

浔阳江头夜送客 / 85

苏轼题写浔阳楼 / 86

谪居卧病浔阳城 / 88

谁是天涯沦落人 / 92

宋江题诗浔阳楼 / 97

不幸刺文双颊,哪堪配在江州 / 98

青史上留得一个好名 / 103

宁可朝廷负我,我忠心不负朝廷 / 106

北固楼

满眼风光北固楼 / 113

北固楼的来历 / 114

壮岁旌旗拥万夫 / 117

廉颇老矣,尚能饭否 / 120

赔了夫人又折兵 / 128

孙刘联姻的历史依据 / 129

周瑜错用美人计 / 132

一错再错,美人投江 / 139

燕子楼

燕子楼中霜夜长 / 147

燕子楼的来历 / 148

关盼盼其人 / 150

白居易为何要写关盼盼 / 156

白居易可曾劝关盼盼去死 / 158

苏轼夜宿燕子楼 / 161

黄楼我所开 / 162

夜宿燕子楼 / 168

燕子楼空,佳人何在 / 170

蓬莱阁

蓬莱阁上观海市 / 179

蓬莱阁之特点 / 179

神仙之蓬莱 / 182

人世之蓬莱 / 186

各显神通向海洋 / 191

祷龙王而见海市 / 191

八仙过海在蓬莱 / 195

沙门岛上八逃犯 / 197

海洋精神与个性 / 200

鹳雀楼

高楼千载镇蒲关 / 207

鹳雀楼的两个七百年 / 208

宇文护为何兴建鹳雀楼 / 211

鹳雀楼与蒲津桥 / 214

请君更上一层楼 / 218

《登鹳雀楼》的景和意 / 219

《登鹳雀楼》作者之谜 / 221

辞官漫游与旗亭画壁 / 224

后记 / 232

黄鹤楼

【黄鹤楼】崔颢

昔人已乘黄鹤去,此地空余黄鹤楼。
黄鹤一去不复返,白云千载空悠悠。
晴川历历汉阳树,芳草萋萋鹦鹉洲。
日暮乡关何处是?烟波江上使人愁。

【黄鹤楼送孟浩然之广陵】李白

故人西辞黄鹤楼,烟花三月下扬州。
孤帆远影碧空尽,唯见长江天际流。

崔颢题诗在上头

在中华大地美丽、壮观、多姿多彩的山水之间，矗立着许多观景楼。这些观景楼，有的始建于汉代，有的始建于南北朝，有的始建于唐代，有的始建于宋代，只有少数始建于元代以后。它们历史悠久，名声响亮，因此在历史上可以说是屡毁屡建，例如岳阳楼，在历史上重建了三十多次；又如滕王阁，仅仅在清代就重建了十三次。

这些观景楼大多集建筑、雕塑、绘画、书法、诗词文赋和楹联等多种艺术于一身，具有历史、地理、美术、文学、宗教、民俗等多方面的珍贵价值，是中华传统文化的瑰宝。

尤其是我下面要讲的这些观景楼，文学价值都非常高。它们虽然不是因文学而建的，但是都因文学而名满天下。从文学地理学的角度来讲，它们都属于文学景观。

这些观景楼具体分布于何处，兴建于何时，经历了哪些沧桑风雨，背后有哪些动人故事，又留下了哪些文学经典，我们将由南到北、由长江流域到黄河流域，选择八座最有影响的楼阁加以介绍和评说。

在正式讲这些观景楼之前，我想讲一讲"楼"与"阁"这两个概念。

"楼"与"阁"，是两个既有联系又有区别的概念。它们的共同点在哪里，不同点又在哪里呢？

简要地讲，"楼"与"阁"，都是两层以上的建筑，因此都属于楼。它们的不同点在于首层是否架空。首层架空者为"阁"，首层不架空者为"楼"。

下面，我要讲的是长江流域的第一大名楼——黄鹤楼。

黄鹤楼位于武汉市武昌区境内的蛇山黄鹤矶之上，滨临长江。此楼为钢筋混凝土仿木结构，5层，高达51.4米；每层都设有回廊，可凭栏远眺。站在黄鹤楼上，可以俯瞰武汉长江大桥和京广铁路线，可以俯瞰长江和汉水，可以俯瞰武汉三镇。

黄鹤楼是与武汉的名字联系在一起的，中外游客来到武汉，必上黄鹤楼。它是武汉的一个文化地标，也是"江南第一大名楼"，又被称为"天下江山第一楼"，名声显赫。

因文学而名满天下

黄鹤楼为什么会有这么大的名声呢？或者说，是什么成全了黄鹤楼这么大的名声呢？

黄鹤楼

可以说，并非建筑本身的原因，虽然它的建筑是这样的巍峨、壮观；也不是政治或军事方面的原因。那是什么原因呢？文学。是文学成全了黄鹤楼的千古盛名。

我们先看它的得名。据《续齐谐记》记载，古代仙人王子安曾经乘黄鹤经过这里，因此这个地方就叫黄鹤矶。东吴黄武二年（公元223年），孙权出于军事上的需要，在这里建了一座楼，取名为黄鹤楼。

可见，黄鹤楼之所以叫黄鹤楼，是因为它所在的地方叫黄鹤矶；黄鹤矶之所以叫黄鹤矶，是因为有仙人王子安乘黄鹤经过这里这个传说。这个传说来自哪一本书呢？——《续齐谐记》。

那么，《续齐谐记》又是一本怎样的书呢？

庄子说："齐谐者，志怪者也。"[①]不管是先秦时的《齐谐》，还是南朝时的《齐谐记》或者《续齐谐记》，都是志怪小说，都是类似《聊斋志异》这样的书，都是文学作品。

可见，黄鹤楼的得名是源于文学。

关于黄鹤楼的得名，还有另外一个传说。三国时蜀国的费祎登仙的时候，曾经驾黄鹤在这个楼上小作停留，因此这个楼就叫黄鹤楼。这个传说来自哪本书呢？——《述异记》。《述异记》也是志怪小说，也是文学作品。

无论哪一种传说，都只是传说，不是历史。例如费祎这个人，就是诸葛亮在《前出师表》中两次提到的那个费祎。诸葛亮死后，他被封为后军师。他是一个很有才干的人，为官也很清廉，只是好喝酒。他就是在一次醉酒之后，被魏国的间谍郭循杀死的。明明死于非命，怎么可能长生不老呢，怎么可能成仙呢？可见，他的登仙也不过是一个传说。

[①] 庄子《逍遥游》，郭庆藩撰《庄子集释》（一），中华书局1961年版，第4页。

传说是人类想象力的产物，是形象思维的产物，只能归于文学的范畴，不能归于历史的范畴。

因此，黄鹤楼的得名是来自文学。没有文学，就没有黄鹤楼这个名字。

黄鹤楼是因仙人乘黄鹤的传说而得名的。但是，得名还不等于扬名。得名只是有了一个名字，扬名则是让这个名字传遍天下。真正使黄鹤楼这个名字传遍天下的，也是文学，但不是传说这一类的文学，而是诗词这一类的文学。

我刚才讲过，最早的黄鹤楼是东吴建的一个军事设施。西晋灭吴之后，三国归于一统，黄鹤楼就失去了它的军事价值。今天的武汉，在三国时称夏口城，在唐代称江夏城。随着江夏城的发展，黄鹤楼就成了一个纯粹的观景楼，所谓官商行旅，"游必于是""宴必于是"。那些做官的人、经商的人、旅行的人，只要来到江夏，就要登上黄鹤楼，要在楼上观景、饮酒、发思古之幽情。

古代许多诗人和词人，像唐代的宋之问、孟浩然、王维、崔颢、李白、刘禹锡、白居易、贾岛、杜牧，宋代的岳飞、陆游、范成大、刘过、姜夔，明代的杨慎等，都来过黄鹤楼，都在这里留下了作品。仅仅是湖北人民出版社出版的《黄鹤楼诗集》这本书，就收录了从初唐到清末的458位诗人的700多首诗，而这本诗集还只是一个选本。也就是说，从唐代到清代，究竟有多少诗人、词人登过黄鹤楼，写过多少与黄鹤楼有关的诗词，目前还是一个未知数。

但是有一点可以肯定，在我们能够见到的众多的黄鹤楼诗词中，写得最好的，影响最大的，是崔颢的《黄鹤楼》，还有李白的《黄鹤楼送孟浩然之广陵》和《与史郎中钦听黄鹤楼上吹笛》这三首诗。

正是崔颢、李白的这三首诗，以及与这两位诗人有关的一段文学佳话，极大地提高了黄鹤楼的知名度和影响力，使黄鹤楼得以扬名中外。

崔颢题诗,李白搁笔

一讲到黄鹤楼,人们就会想起崔颢的《黄鹤楼》这首诗:

> 昔人已乘黄鹤去,此地空余黄鹤楼。
> 黄鹤一去不复返,白云千载空悠悠。
> 晴川历历汉阳树,芳草萋萋鹦鹉洲。
> 日暮乡关何处是?烟波江上使人愁。
>
> ——《黄鹤楼》[①]

这首诗是许多人都很熟悉的。另外,还有一个与这首诗有关的故事,也是许多人熟悉的。

搁笔亭

据北宋学者李畋的《该闻录》一书记载,李白有一次登上黄鹤楼,满怀兴致地观赏了江夏城的壮丽景色,正要挥笔题诗时,突然看到了崔颢题写在楼上的《黄鹤楼》这首诗。李白于是驻足观看,仔细品读,沉吟良

[①] 《全唐诗》卷一三〇,中华书局1960年,第1329页。

久,最后居然放弃了题诗的念头。据说李白临走时,还留下这样两句话:

眼前有景道不得,崔颢题诗在上头。

意思是说,眼前的景致多好啊,本来是应该写诗的,可是我不能写。因为崔颢已经写了,而且写得非常好。我若再写,也不一定能够超过他,因此只有搁笔。

自从李畋讲了这个故事之后,宋代其他学者,像胡仔、刘克庄等人,也都跟着这样讲,于是这个故事就在诗坛和社会上广泛地传开了,许多人都为之津津乐道,一直讲到今天。

就在黄鹤楼东边大约130米处有一个搁笔亭,这个搁笔亭就是因这个故事而兴建的。

当然,也有人不以为然。例如同是宋代学者的计有功,他就在《唐诗纪事》一书里,对这个故事的真实性表示怀疑。[①]

我想在今天也会有人对这个故事的真实性表示怀疑。因为李白毕竟是唐代首屈一指的大诗人,毕竟是"诗仙"啊,他的成就实在是太大了,他的名气也实在是太大了!

我认为,这个故事不一定真实发生过,可能只是一个传说。不过,这个传说不同于一般的传说,它是有一定的事实依据的。什么事实依据呢?就是在崔颢写作《黄鹤楼》这首诗之后,李白写过两首模仿它的作品,一首是《鹦鹉洲》,一首是《登金陵凤凰台》。这两首诗在写法上、结构上是一模一样的,都是模仿崔颢《黄鹤楼》一诗。

请看崔颢《黄鹤楼》的前四句:

昔人已乘黄鹤去,此地空余黄鹤楼。

[①] 计有功撰,王仲镛校笺:《唐诗纪事校笺》(三),中华书局2007年版,第689—692页。

> 黄鹤一去不复返,白云千载空悠悠。

再看李白《鹦鹉洲》的前四句:

> 鹦鹉来过吴江水,江上洲传鹦鹉名。
> 鹦鹉西飞陇山去,芳洲之树何青青。①

再看李白《登金陵凤凰台》的前四句:

> 凤凰台上凤凰游,凤去台空江自流。
> 吴宫花草埋幽径,晋代衣冠成古丘。②

所有的唐诗研究专家都认为,李白这两首诗是对崔颢《黄鹤楼》的模仿。那么,李白为什么要一而再地模仿崔颢这首诗呢?很显然,就是因为他认为崔颢这首诗确实写得好,他不仅佩服,而且要和崔颢一比高下。正是因为李白在崔颢写作《黄鹤楼》之后接连写了两首模仿崔颢《黄鹤楼》的诗,因此才有人编了"崔颢题诗李白搁笔"这个故事。

这个故事可能只是一个传说,但是这个传说也能给我们一个很有益的启示。什么启示呢?

请大家琢磨一下"眼前有景道不得"这句话。"眼前有景道不得",就是眼前虽然有景,但是写不出诗。为什么呢?因为一首诗通常要具备两个要素:一个是景,另一个是情。而写景是为了抒情,古人所讲的"触景生情""即景言情""借景抒情""情景相融"等,就是这个意思。每个人站在黄鹤楼上都能看到很壮观、很美丽的江城景致,如长江、汉水、汉阳树、鹦鹉洲、蓝天、白云等,但是,是不是每个人看到这些景

---

① 郁贤浩校注:《李太白全集校注》(六),凤凰出版社2015年版,第2641页。
② 郁贤浩校注:《李太白全集校注》(六),凤凰出版社2015年版,第2619页。

致之后都能写出好诗来呢？不一定。写诗，除了需要一定的文化素养、写作技巧之外，还得有真情实感。有了真情实感，才有可能写出好诗来。也就是说，就一首诗的写作来讲，情感第一，景致第二。光有景而没有真情实感，那是写不出好诗来的。而这个传说中的李白，只是看到了景，但是这些景还没有触发他的真情实感。可谓眼前有景，心中无情，因此只好暂时搁笔。

芳草萋萋鹦鹉洲

那么，崔颢这首诗究竟抒发了什么样的情感呢？让我们回到作品本身。先看开头四句：

> 昔人已乘黄鹤去，此地空余黄鹤楼。
> 黄鹤一去不复返，白云千载空悠悠。

"昔人"，就是指传说中的那个仙人王子安。唐代是一个崇奉道教的时代，黄鹤楼又有一个仙人骑仙鹤的传说，所以那时候的人登上黄鹤楼，多少都有一点寻找仙人踪迹的意思，有一点求仙访道的意思。然而，当时的现实是什么呢？人去楼空。这就未免有些失落。因此，这首诗的开头四句，就是写一种人去楼空、求仙不得的失落感。

再看第五、第六两句：

> 晴川历历汉阳树，芳草萋萋鹦鹉洲。

人去楼空，于是诗人就把自己的思绪由古代拉回到现实，站在黄鹤楼上看江对面的景色。由于天气晴好，汉阳的树木历历在目；由于是在春夏之交，鹦鹉洲上的芳草也长得很茂盛。这两句是写景，但不是单纯的写景。尤其是第六句，可以说是饱含了深沉的人生感慨。

我认为，要想真正理解这首诗所饱含的情感，必须正确理解第六句的含义。第六句是关键，不可匆匆看过。而要正确理解第六句，则必须搞清楚鹦鹉洲这个地名的来历。

鹦鹉洲这个地名，来自于祢衡的《鹦鹉赋》。

据《后汉书·祢衡传》记载，祢衡是东汉末年的一位名士，才华横溢，名气很大，但是也有一点脾气，用今天的话来讲，就是有个性，有独立人格。曹操对他无礼，让他在一个宴会上脱掉自己的衣服，换上鼓史的衣服，为参加宴会的文武官员击鼓助兴，也就是把他当作一个优伶来侮辱。这祢衡根本不理会曹操的要求。他一边击鼓一边走，走到曹操的跟前，索性"裸身而立"，以此来羞辱曹操。宴会之后，祢衡又坐在曹操的营门口，"以杖捶地大骂"，把曹操的祖宗三代都骂了。曹操恨得咬牙切齿，几次想杀他，但最后还是不敢杀，怕落下一个不能容人的名声。怎么办呢？曹操就来个借刀杀人，把祢衡介绍给荆州刺史刘表。

刘表也不傻，他一眼就看出曹操是想借刀杀人，于是他也来个借刀杀人，把祢衡介绍给江夏太守黄祖。心想黄祖是个粗人，是个性急子，祢衡必死无疑。

没想到，祢衡到了江夏竟然和黄祖相处得不错。尤其是黄祖的儿子黄射（此人也是一个太守）非常欣赏祢衡。有一次，黄射大会宾客，有人送他一只鹦鹉，黄射就请祢衡写一篇《鹦鹉赋》。祢衡当场作赋，文不加点，一气呵成，文辞非常漂亮。在座的人无不为之惊叹。我们知道，鹦鹉是一种美丽而聪明的鸟类，但是落在了人类的手里就完全失去了自由，任人玩耍，任人宰割。实际上，祢衡的这篇《鹦鹉赋》是借鹦鹉的命运来写古代文士的命运，思想很深刻，文辞很优美，是中国文学史上的名作。

祢衡作了《鹦鹉赋》，更加受到黄氏父子的器重。但是没过多久，祢衡还是把黄祖得罪了。他在言语上冲撞了黄祖。黄祖命令手下把祢衡推出门外，仗责二十。祢衡就破口大骂。于是黄祖就要杀他。黄祖的儿子黄射得知消息，着急得连鞋子都来不及穿，光着脚丫火速赶来救他，但为时已晚，祢衡已经人头落地。①

祢衡死了之后，黄祖又有些后悔，毕竟是个粗人嘛！怎么办呢？于是黄祖就厚葬祢衡，把他埋在黄鹤楼西南方向的江中小洲上。这个小洲本来是个无名小洲，因为《鹦鹉赋》的作者祢衡葬在这里，人们就叫它鹦鹉洲。

在今天的武汉市汉阳区，还有一个鹦鹉洲。不过这个鹦鹉洲已经不是崔颢写的那个鹦鹉洲了，那个鹦鹉洲在明代末年就沉没在江中了。清代乾隆年间，在今天的汉阳拦江堤外新淤成一个洲，最初叫"补课洲"。当地人为了纪念祢衡，把它改名为"鹦鹉洲"，又在这里重修祢衡墓，题名为"汉处士祢衡墓"。

祢衡墓

祢衡才华横溢，为人正直，仅仅是有点脾气就遭此横祸，死的时候

---

① 范晔：《后汉书·祢衡传》，浙江古籍出版社2000年版，第761页。

才二十六岁。历代文人对他的遭遇是深表同情的。

崔颢对祢衡的遭遇也是深表同情的。他由祢衡的遭遇想到了自己的遭遇，进而想到了古往今来文士的命运。

崔颢与李白是同辈人，家在汴州（今河南开封）。《旧唐书·文苑传》写道：

> 开元、天宝间，文士知名者，汴州崔颢，京兆王昌龄，高适，襄阳孟浩然，皆名位不振。唯高适官达，自有传。①

这段话的意思是说，崔颢、王昌龄、孟浩然这几位诗人，虽然很有才华，在诗坛上很有名气，但是在仕途上并不得志。

因此，"鹦鹉洲"这三个字放在这里，就不是单纯地写地名了，而是通过这个地名引出祢衡的故事，再通过祢衡的故事来抒发文士不得志的感慨。

再看"芳草萋萋"这四个字。这四个字出自楚辞《招隐士》："王孙游兮不归，春草生兮萋萋。"意思是说，一年一度的芳草又绿了，又是一个春天了，漂泊在外的王孙什么时候才能回家呢？很显然，"芳草萋萋"这四个字所表达的是漂泊在外的游子对家乡的思念，是乡愁。

正是因为有了"芳草萋萋"四个字，才引出了最后两句：

> 日暮乡关何处是，烟波江上使人愁。

诗人的家乡在哪里呢？在遥远的汴州。这个时候，太阳已经下山了，江面上暮色苍茫，烟波浩渺，根本看不到自己的家乡，也看不到回家的路。于是，诗人就感到十分的愁苦了。

总体来看，这首诗有三层意思。前面四句写黄鹤楼上人去楼空，仙

---

① 刘昫等撰：《旧唐书·文苑传》，中华书局1975年版，第5049页。

人的踪迹杳无可寻，表明求仙之事是虚无缥缈的；第五、第六两句通过写景，尤其是通过写鹦鹉洲来写古往今来文士的命运，表明功名之事是微茫难求的。最后两句的意思是顺着前面来的，既然求仙之事虚无缥缈，功名之事也微茫难求，那就回家乡吧，只有家乡才是最后的归宿。可是，江面上暮色苍茫，烟雾笼罩，根本就看不到家乡在哪里。

因此，这首诗的主题就不是寻仙了，而是写人生的失落感、写乡愁。由于写的是人生的失落感和乡愁，因此就更能引起人们的共鸣。每个人的遭遇虽然不一样，但失落感总是有的吧，乡愁总是有的吧，这就是崔颢的这首诗为什么会赢得人们的广泛喜爱，进而成为文学经典的根本原因。

从艺术上看，崔颢这首诗的成就也是很高的。宋代著名诗歌批评家严羽甚至认为"唐人七言律诗，当以崔颢《黄鹤楼》为第一"。也就是说，崔颢这首《黄鹤楼》是唐人七言律诗中的压卷之作。这话夸张吗？不夸张。前几年，有学者曾经做过一个"唐诗排行榜"。在最有影响的100首唐诗中，崔颢这首诗排名第一。

正是因为崔颢的这首诗，以及"崔颢题诗李白搁笔"这个故事，极大地提高了黄鹤楼的知名度。据有关史料记载，由于自然灾害和战争等原因，黄鹤楼曾经屡毁屡建，仅在明清两代，就被毁七次，重建和维修十次。一座楼为什么会屡毁屡建？只有一个原因：名气太大了，成了一个城市的文化地标，非重建不可。

许多人不远千里万里，跋山涉水，一定要来亲眼看看黄鹤楼。为什么呢？因为从小就读过崔颢的《黄鹤楼》这首诗，甚至知道"崔颢题诗李白搁笔"这个故事。古人讲，"楼以文名"就是这个道理。

那么，李白究竟有没有在黄鹤楼上题诗呢？这些诗的背后又有哪些故事呢？请看下文。

【关于黄鹤楼的问答】

一、黄鹤楼为什么被称为"天下江山第一楼"?

所谓"天下江山第一楼",乃是民间的一种说法,并非哪个权威部门通过统计和考评得出的结论。论历史,它在中华名楼中不是最早的。论建筑,它也不是最高端、最大气、最上档次的。它之所以被称为"天下江山第一楼",据我看来,主要还是因为它的影响力。它是因为崔颢的那首诗而名满天下的。崔颢的那首诗,影响确实太大了。有人统计,在最有影响的100首唐诗中,崔颢的《黄鹤楼》排位第一。

二、曾老师,您最喜欢的有关黄鹤楼的诗句或者楹联是什么?请分享一下,它对我们现代人的启示和激励是什么?

写黄鹤楼的诗句和楹联非常多,说到对现代人的启示,我觉得有一副楹联值得推荐一下:"修道何须骑黄鹤?有缘仍许再登楼。"骑黄鹤,就是指仙人骑黄鹤这个传说,黄鹤楼正是由这个传说而得名的。骑黄鹤,就意味着成仙。古代许多人登黄鹤楼,多少都有一点寻找仙人踪迹的动机,或者说求仙访道的动机。但是此联的上联认为,一个人要修道,何必一定要骑黄鹤呢?何必一定要成仙呢?修道有多种途径啊,在日常生活中,在平凡的工作中,都可以修道。修道,就是修炼自己,提升自己。修道不一定要骑黄鹤,不一定要到深山老林里去,不一定要与世隔绝。这副楹联的作者叫彭久余,江夏人,清朝同治年间做过江夏知县、江苏学政、礼部侍郎。

李白三上黄鹤楼

上文讲过,"崔颢题诗李白搁笔"这个故事可能只是一个传说,不一定真实发生过。例如,李白搁笔究竟在哪一年,有没有同行的人亲眼看见,这些都说不清楚。事实上,李白晚年在一首诗里讲,他一生曾经"三登黄鹤楼"。李白每一次登黄鹤楼的大致时间都是可考的。每一次登黄鹤楼,他都写了诗。这些诗都是有景有情、情景交融的,其中有两首还成了文学经典。

故人西辞黄鹤楼

李白第一次登上黄鹤楼,大约是在开元十六年(公元728年)的三月。和他一起登楼的是著名诗人孟浩然。

孟浩然是襄阳(今湖北襄阳)人,李白是昌明(今四川江油)人,黄鹤楼则在江夏(今湖北武昌)。那么,李白是怎么认识孟浩然的,又是怎么到江夏来的呢?

这里面还有一段故事。

据李白自己介绍,他的祖籍在陇西,也就是今天的甘肃天水一带。隋朝末年,他的祖先被流放到西域碎叶城,也就是今天的吉尔吉斯斯坦共和国境内的托克马克市。李白就是在那里出生的。

李白五岁的时候,随他的父亲由碎叶城悄悄地回到内地,客居绵州昌明县青莲乡,也就是今天的四川省绵阳市江油青莲乡。李白的父亲改名叫李客。客,就是客居之人,不是本地人。李白一家客居此地,因此江油就成了李白的第二故乡。

李白在这里生活了二十年。二十五岁的时候,李白出川,"仗剑去国,辞亲远游"。身上背着一把宝剑,辞别双亲,游襄汉,上庐山,东至金陵扬州,还到了汝州。有学者认为,正是在襄阳,他认识了诗人孟浩然。[①]

两年后,李白到了安州的安陆,也就是今天的湖北安陆,一住就是十年。

像李白这样一个"一生好入名山游"的诗人,这样一个一生都在行走中的诗人,为什么要选择安陆这个小地方停下来、一住就是十年之久呢?

李白到安陆,最初是受了司马相如的影响。司马相如是汉代的大文学家,成都人。李白从小就崇拜这位乡贤。在父亲的指导之下,他熟读了司马相如的全部作品。司马相如有一篇很有名的赋,叫《子虚赋》。这篇赋讲到楚国有一个云梦泽,方圆九百里,烟波浩渺,一望无涯,而且其中有无数珍稀植物和动物。李白为之神往已久。而安州安陆就是古云梦泽所在地。正是怀着对云梦泽的神往,李白到了安陆。

安陆虽然只是一个小县,但它是安州的州治所在,历史悠久,文化底蕴深厚。在唐高宗时,这里还出过一个宰相,叫许圉师。通过朋友的介绍,李白来到已故宰相许圉师的府上做客,又有了一个重要发现。

[①] 詹锳:《李白诗文系年》,人民文学出版社1984年版,第5页。

什么发现呢?

原来许圉师有一个才貌俱佳的孙女,正待字闺中。当时向她求婚的王孙公子,可以说是络绎不绝,但是这许小姐不为所动。李白时年二十七岁,风度翩翩,才华横溢,又会写诗,又会击剑,口才又好。这许小姐可以说是一见倾心。而李白呢,从小就崇拜司马相如。司马相如一介书生,以自己的文学才华和音乐才华娶到了一个"白富美"——蜀郡临邛县首富卓王孙的女儿卓文君,让天下读书人羡慕不已。而李白终于在安陆发现了自己的卓文君,自己的"白富美"。请问他还走得了吗?于是李白就经人介绍,和许小姐结成连理,入赘许家。

李白带着美丽的许夫人,在美丽的白兆山桃花岩下一住就是十年。他在这里读书、击剑、饮酒、作诗,同时结交荆楚名人,等待时机,准备出山。

在李白所结交的荆楚名人中,最有名的就是诗人孟浩然了。三年之后,也就是开元十六年,李白得知孟浩然要去广陵(今江苏扬州),就与孟浩然相约,在江夏再次聚首。

李白在江夏陪孟浩然玩了好几天,然后在黄鹤楼送别孟浩然。送走孟浩然之后,他写下了一首非常有名的诗——《黄鹤楼送孟浩然之广陵》。

> 故人西辞黄鹤楼,烟花三月下扬州。
> 孤帆远影碧空尽,唯见长江天际流。
> ——《黄鹤楼送孟浩然之广陵》[①]

"故人"就是老朋友。李白认识孟浩然已经三年了,也可以称他为"故人"了。"广陵"就是扬州。扬州在长江东头,黄鹤楼在长江西头,

---

① 郁贤浩校注:《李太白全集校注》(四),凤凰出版社2015年版,第1855—1856页。

孟浩然辞别黄鹤楼乘船一路东下，所以叫"西辞黄鹤楼"。

唐代的扬州是当时最繁华的城市。当时有一句话，叫"扬一益二"。扬是扬州，益是益州。益州的州治，就是成都。也就是说，当时最繁华的城市：扬州第一，成都第二。

扬州在长江下游，气候温暖湿润，又是阳春三月，所以繁花似锦，看上去烟水迷离。孟浩然选择这个时候下扬州，既可以看到扬州的繁华，又可以欣赏到阳春三月的美景，可以说是太懂旅游了。这是很让李白羡慕的。

李白既羡慕孟浩然的扬州之行，又留念孟浩然这个人，因此在孟浩然上船之后，他就站在江边码头上，久久地目送孟浩然，一直深情地望着，直到他所乘的船只——那一叶"孤帆"渐行渐远，乃至慢慢地消失在视线中。这时候再也看不到孟浩然了，再也看不到"孤帆远影"了，视线中只有一江春水，缓缓地、悠然不尽地向天边流去。这缓缓东流的悠然不尽的长江水，正好象征着李白对孟浩然的留恋、牵挂与思念。

《黄鹤楼送孟浩然之广陵》这首诗之所以长期以来深受人们喜爱，之所以传播得那么广，除了它的清水芙蓉般的语言，它的自然流畅的节奏，还有一个很重要的原因就是它所体现出的对朋友的一片深情。这一点在今天尤其难得。想想我们今天送朋友，有几个不是匆匆而别？往往送到电梯门口，就说"拜拜"了。亲密一点的，送到楼下；再亲密一点的，送到附近的公汽站或者地铁站；只有十分亲密的朋友，才送到机场或者高铁站。但是送到机场或者高铁站，过了安检，就得挥手告别了："走好！""再见！""一路平安！"说完之后，就真的"拜拜"了。有几个人在飞机起飞之后，或是在高铁呼啸而去之后，还站在那里深情地瞭望的，有吗？如果有，也是非常少见的。

也许有人会说，古代交通不发达，通信条件又落后，朋友相聚不易，分别之后更难通消息,因此古人很看重离别,所谓"相见时难别亦难"。哪像现在,想见一个人,很快就见到了。朋友走了之后,接着就是短信或者微信,时时刻刻都知道朋友的动向,因此就不再那么牵挂。确实是这样。科技的发达改变了我们的生活,也改变了我们的心情,使朋友之间的感情变得越来越淡。但是我们又都很怀念这种感情,很向往这种感情,觉得这种感情就像一坛老酒,很值得回味。而高科技条件下的送别,也实在是太寡淡、太没韵味了。于是,像《黄鹤楼送孟浩然之广陵》这样的古典诗歌,就得到广泛传诵。

当人们广泛传诵这首诗的时候,黄鹤楼不就跟着扬名了吗?

雪点翠云裘,送君黄鹤楼

李白第二次登黄鹤楼,大约是在开元二十二年(公元734年)的冬天。陪他一起登楼的,是一位没有留下姓名的友人。李白为他写了一首诗:

> 雪点翠云裘,送君黄鹤楼。
> 黄鹤振玉羽,西飞帝王州。
> 凤无琅玕石,何以赠远游?
> 徘徊相顾影,泪下汉江流。
> ——《江夏送友人》[①]

从这首诗可以看出,李白对这位友人也是一片深情的,也是依依不

[①] 郁贤浩校注:《李太白全集校注》(五),凤凰出版社2015年版,第2196—2197页。

舍的。这依依不舍包含着一种羡慕。不过,这种羡慕已经不是六年前送孟浩然时的那种羡慕,不是羡慕友人去了扬州这样的烟花繁华之地,而是羡慕友人去了帝王州,也就是去了长安(今西安)。长安是唐代的首都,是当时的读书人求取功名、实现自己的政治理想的地方。这个时候的李白,已经在安陆住了九年。他在安陆总共住了十年,这一年是倒数第二年。他后来总结说:"酒隐安陆,蹉跎十年"。所谓"蹉跎十年",就是讲这十年过得并不顺心,在政治上完全没有进步。正因为在这里过得并不顺心,加上许夫人去世,他在送走这位友人的第二年,就离开了安陆。因此,在这首诗里,我们已经看不到当年送孟浩然时的那种明快的风格了,而是比较沉重。他留恋友人,羡慕友人,也为自己的前途焦虑。那位友人也很留恋他,牵挂他。似乎在说:我要到长安去了,我可以实现自己的理想了,可是你还在安陆,你怎么办呢?所谓"徘徊相顾影,泪下汉江流",就是讲两个人都舍不得分手,两个人都在那里徘徊,两个人都流泪了。

这首诗是一首好诗,但还不是经典,因此我们不必多讲。

黄鹤楼中吹玉笛

李白第三次登上黄鹤楼,是在二十五年之后的唐肃宗乾元二年(公元759年)五月。陪他一起登楼的是一位姓史的郎中。这个时候,李白早已不在安陆了。他经历了一场牢狱之灾,然后被流放夜郎,最后又遇赦来到江夏。

这是怎么一回事呢?

原来李白在安陆住了十年。许夫人因病去世后,他就离开安陆,到了山东任城。在任城住了三年左右,又在南陵(今属安徽芜湖)住了一段时间。唐玄宗召他入京,让他供奉翰林。李白终于出山了,可以实现自己的政治理想了。但是这个时候的唐玄宗已经不是早年的那个励精图治的皇帝了,而是一个很昏聩的皇帝,他并没有重用李白。所谓供奉翰林,只是一个临时性的职务,并非正式的翰林学士。李白在这里,只是一个文学侍臣,形同于倡优。于是他就消极起来,成天喝酒。而同僚当中,有一个叫张垍的人,居然还很嫉妒李白。此人是前宰相张说之子,又是当朝驸马。每当皇帝要提拔李白时,张垍就说他的坏话。于是不到两年,李白就提出走人。唐玄宗没有挽留他,送给他一些金子,就让他走人了。这就是有名的"赐金放还"的故事。

李白离开长安之后,又成了一个行吟诗人。他在梁宋、齐鲁、幽冀、浙东、金陵和宣城等地,也就是今天的河南、山东、河北、浙江、南京、安徽宣城等地游览了一圈,然后又上了庐山,隐居在庐山的屏风叠,受了道箓,也就是办好了做道士的正式手续,做了一名真正的道士。

但是,没过多久,发生了一件惊天动地的大事——"安史之乱"爆发了。

所谓"安史之乱",就是由握有重兵的军事将领安禄山、史思明发动的一场内乱。"安史之乱"爆发之后,唐玄宗逃往蜀地。在前往蜀地途中,他任命太子李亨为天下兵马大元帅,组织、领导和指挥抗击安史叛军,又任命他最宠爱的第十六子永王李璘为山南东道、江南西道、岭南道和黔中道节度使,兼任江陵府大都督,驻守江陵。不久,李璘擅自率兵东下,经过庐山,听说李白在庐山,就派人请他下山。这正像一首白话诗所写的那样:"半个世纪以来,我急,命运不急;而今我不急,命运又急了。"怎么办呢？李白本来也是有功名之念的，这个时候又受到"胁迫"，于是就上了李璘的"楼船"，做了李璘的幕僚。

李白加入李璘的幕府，本意是为了参与抗击安史叛军，谁知这李璘有野心，不听朝廷调遣，发兵攻打扬州和苏州。李白发现这个问题之后，就逃回庐山附近的彭泽。后来，李璘兵败被杀，李白以"附逆"之罪被关进浔阳（今九江）监狱，然后被流放夜郎。

唐代有两个夜郎县，一个是珍州夜郎县，在今贵州省遵义市正安县境内；一个是业州夜郎县，在今湖南省怀化市新晃县境内。李白要去的夜郎究竟是哪一个夜郎，这个问题还有待考证。

但是事情也很吊诡。李白流放夜郎，沿着长江上游走，走到奉节县境内的白帝城时，皇帝大赦天下的诏书到了。李白在被赦之列。他惊喜交集，心情特别轻松愉快，写了一首非常著名的诗：

  朝辞白帝彩云间，千里江陵一日还。
  两岸猿声啼不住，轻舟已过万重山。

——《早发白帝城》[①]

就这样，李白一日千里地到了江陵。在江陵小作停留，又到了江夏。在江夏，他受到前任太守韦良宰的宴请，又受到新任太守族叔李某的宴请。这一段时间，李白的心情是很复杂的。一方面，他对亲友们的热情接待和安抚表示感激；另一方面，他对自己这大半生的坎坷经历也多有回忆，尤其是流放夜郎一事，虽然中途遇赦了，但是朝廷并没有为他平反呀！一想到这个所谓"附逆"的冤案，他就为之不平、委屈和难过。有一位姓史的郎中一直陪伴着他。有一天，他们正在饮酒时，忽然听到

[①] 郁贤浩校注：《李太白全集校注》（六），凤凰出版社2015年版，第2735页。

黄鹤楼上有人在吹笛子，其声呜呜然，如怨如慕，如泣如诉。李白由这笛声，再次想起自己的遭遇，就写了这样一首诗：

> 一为迁客去长沙，西望长安不见家。
> 黄鹤楼中吹玉笛，江城五月落梅花。
> ——《与史郎中钦听黄鹤楼上吹笛》[①]

这首诗表达了什么样的情感呢？

"迁客"，是指被贬谪、流放、迁徙的文士。这一句用了贾谊的典故，是借贾谊的遭遇来说自己的遭遇。贾谊是西汉时著名的文学家，因批评朝政，受到周勃等权臣的诬陷诽谤，被汉文帝贬谪到长沙，做了长沙王太傅。他是中国古代自屈原之后第二个被贬谪流放的著名文学家，他的遭遇得到历代文人的深切同情。李白认为，自己的遭遇与贾谊有类似之处。他进李璘的幕府，本意是为了参与抗击安史叛军，事先并不知道李璘有野心。后来发现李璘有野心，他就逃走了。谁知李璘兵败之后，有人就来找他算账，说他"附逆"，这分明就是诬陷嘛。所以，这首诗的第一句用贾谊自比，既表达了自己内心的愤懑，也有为自己辩诬的意思。

"西望长安不见家。"长安是西汉的国都，也是唐代的国都。这一句既是写贾谊，也是写自己。李白的难能可贵之处，在于自己受了委屈和打击，但是心里所牵挂的，还是国家的安危、家人的安危。因为这个时候皇帝虽然回到长安了，但是"安史之乱"并没有平息，国家还在遭受苦难，家人也还在流离之中。所以这一句既写了乡愁，也包含了对国事的担忧。

"黄鹤楼中吹玉笛，江城五月落梅花。"正是思绪万千的时候，听到有人在黄鹤楼上吹笛。吹的是什么曲调呢？《梅花落》。这是一支很著名

[①] 郁贤浩校注：《李太白全集校注》（六），凤凰出版社2015年版，第2946—2947页。

的曲子，笛声哀怨。"江城五月"是夏天，夏天怎么会有落梅花呢？所以有人认为，"江城五月落梅花"这一句，一方面让人感到诗人的心情像冬天一样的寒冷，另一方面又让人想起"邹衍下狱，六月飞雪"的传说，让人想到历史上的那些冤案。

这首诗有一个突出的特点，就是含而不露，有弦外之音，令人同情，令人一唱三叹。

烟波江上使人愁

李白三上黄鹤楼，写了三首诗，每一首都与离别有关，都与别情有关。崔颢的那首诗也是与别情有关的。他们两个人都是盛唐时期的诗人，都是在黄鹤楼上留下了经典之作的诗人。他们的这几首经典之作都与别情有关，这就为以后的黄鹤楼诗词定下了一个基调。无论是与朋友的离别，还是与家乡的离别，或是与国都的离别，都体现出一种别情、一种伤感、一种惆怅。

诗人们登上黄鹤楼，为什么都会产生别情呢？为什么都会有些伤感和惆怅呢？这可能与茫茫江水有关。无论是长江，还是汉水，都是那样烟水迷茫。在古代，江夏城（今湖北武汉市）境内的长江、汉水两岸没有今天这么多的楼房，黄鹤楼周围也没有这么多的建筑。登上黄鹤楼，视野非常开阔，映入眼帘的主要景观就是长江、汉水。加上江夏地处亚热带湿润区，长年多雨，春雨、夏雨、秋雨往往下个不停，年降水量在1500毫米以上，使得其境内的长江、汉水经常被雨雾所笼罩，从而形成烟水迷茫的景观。正是这种烟水迷茫的景观,最容易触发人的别情、伤感和惆怅。这就是文学和地理环境的关系,就是文学地理学所关注的内容之一。

　　如果说,黄鹤楼是一座容易引起人们的别情、伤感和惆怅的楼,那么岳阳楼又有什么特点呢?请看下文。

〔关于黄鹤楼的问答〕

一、诗仙李白三次登上黄鹤楼赋诗咏怀,为黄鹤楼注入了怎样的文化内涵?

李白三上黄鹤楼写了多首诗,最著名的有《黄鹤楼送孟浩然之广陵》《与史郎中钦听黄鹤楼吹笛》。这些诗的文化内涵是不一样的。总体来看,主要有三点:一是对友谊的珍重,二是对国事、对家人的牵挂;三是对坎坷人生的忧伤。

二、中华名楼大概有哪几种?您主要讲的是哪一类?

中华名楼,就其功能和用途来讲,可以分为以下八种类型:

一是军事防御性质的,如城门楼、箭楼、角楼、敌楼等;

二是报时性质的,如钟楼、鼓楼等;

三是藏书性质的,如藏书楼、藏经楼、藏经阁等;

四是礼佛性质的,如观音阁、文殊阁、普贤阁等;

五是文教性质的,如文昌阁、魁星阁等;

六是戏楼;

七是观景楼;

八是综合性质的,它们往往是上述多种功能兼而有之。①

我所讲的中华名楼属于第七种类型,也就是观景楼,例如黄鹤楼、岳阳楼、滕王阁、鹳雀楼等。因为这种观景楼与老百姓的关系最为密切。

---

① 罗哲文、柴福善编著:《中华名楼大观》,机械工业出版社2011年版,第8—10页。

岳阳楼

【登岳阳楼】 杜甫

昔闻洞庭水,今上岳阳楼。吴楚东南坼,乾坤日夜浮。亲朋无一字,老病有孤舟。戎马关山北,凭轩涕泗流。

【岳阳楼记】 范仲淹

嗟夫!予尝求古仁人之心,或异二者之为,何哉?不以物喜,不以己悲。居庙堂之高,则忧其民;处江湖之远,则忧其君。是进亦忧,退亦忧。然则何时而乐耶?其必曰:先天下之忧而忧,后天下之乐而乐。噫,微斯人,吾谁与归?

家国情怀岳阳楼

接下来,我要讲的中华名楼是岳阳楼。

岳阳楼建在湖南省岳阳市的西门城台之上,台正中有一个拱券形门洞。面阔三间,进深三间,共三层,高20.35米。站在岳阳楼上,可以俯瞰烟波浩渺的洞庭湖,还有湖中的充满神话色彩的君山。

岳阳楼

洞庭天下水 岳阳天下楼(李建平摄)

"诗仙"李白与岳阳楼的得名

在岳阳楼的三楼有这样一副对联:

水天一色
风月无边

关于这副对联的来历，还有这样一个传说。说是李白曾经六次登上岳阳楼，在最后一次登楼时，他发现有一个过路人在城墙上留下了"一、虫、二"三个字，许多人都在那里观看，但是怎么也不明白其中的意思，于是就请教李白。李白解释说："这其实是仙人留下的一副对联。'一'指'水天一色'，把'虫'字和'二'字各加上边，就成了'風'和'月'两个字，去掉边，就是'虫'、'二'，其意是'風月無邊'。"这样一解释，大家就明白了，说："原来是这样啊！李先生太有才学了！"后来人们就把这副对联刻在了岳阳楼三楼的门柱上。

当然，这只是一个传说，未必可信。但是有一点是可以肯定的，岳阳楼之所以叫岳阳楼，是因为李白的一首诗。

据文献记载，最早的岳阳楼并不叫岳阳楼，叫"阅军楼"。东汉末年，孙权手下的大将鲁肃奉命镇守巴丘（今湖南岳阳），在洞庭湖连接长江的险要地段兴建了一座巴丘城，这就是最早的岳阳城。

建安二十年（公元215年），鲁肃又在巴丘城上修建了一座"阅军楼"，用于操练水军。这就是最早的岳阳楼。所以，岳阳楼的历史比黄鹤楼还要早八年。

西晋时，巴丘改名为巴陵，"阅军楼"也改名为"巴陵城楼"。例如南朝著名诗人颜延之就写过一首《登巴陵城楼》，这也是写岳阳楼的诗中最早的一首诗。

隋唐之际，"巴陵城楼"被毁。唐玄宗开元四年（公元716年），著名诗人、宰相张说贬官岳州刺史，在一片废墟上重建"巴陵城楼"。这个时候，由于中国南北早已统一，"巴陵城楼"不再具有军事瞭望功能，它成了一座纯粹的观景楼。张说在岳州期间，就经常与一些文人墨客在此登楼赋诗。

张说之后，"巴陵城楼"就比较知名了，唐代诗坛上的许多牛人都来过这里。例如另一位宰相诗人张九龄、"诗仙"李白、"诗圣"杜甫、"诗隐"孟浩然、"诗豪"刘禹锡、"诗家夫子"王昌龄、"五言长城"刘长卿，写过"夜半钟声到客船"的张继，还有"韩孟诗派"的领袖韩愈、"元白诗派"的领袖元稹和白居易、"朦胧诗人"李商隐等，都先后来过这里，并且留下了不少名篇佳作。如果这些人一起来，那就可以称为唐代诗坛上的"华山论剑"了。

据清代著名学者王琦的《李太白年谱》记载，李白曾经三次来洞庭湖。但是据李白本人的作品记载应该是四次。第一次、第四次是游洞庭湖，第二次是办事，第三次是路过。

李白第一次来洞庭湖是在开元十三年（公元725年）夏天，陪他一起来的是他在蜀中（四川）的好友吴指南。吴指南和他一起出川，一起登岳阳楼，一起游洞庭湖。但是很不幸，吴指南在游洞庭湖的时候，死在湖上了。是淹死的，还是病死的，李白没有讲，我们不得而知。但是李白非常伤心，就像死了亲兄弟一样，用他的话来讲，眼泪都哭干了。当时天气又非常炎热，前边不远处又有老虎，死死地盯着他和死去的吴指南。李白很担心，就把吴指南临时埋在洞庭湖边上，然后匆匆地离开了。

埋葬了好友吴指南之后，李白到了湖北安陆，观看了云梦泽，然后和已故宰相许圉师的孙女结婚。几年之后，李白独自一人再次来到洞庭湖，准备把吴指南的遗骨带到江夏（武汉）去。他扒开吴指南的坟，发现尸体还没腐烂，筋肉还在，还很沉。怎么办呢？又没有一个帮手，他一个人哪能带着尸体走这么远的路呢？李白一边哭，一边用一把匕首把吴指南的筋肉都剔下来，只剩下骨头，再用清水把骨头洗一遍，然后用布把骨头包好带到江夏,埋葬在江夏城的东边。①

我在讲黄鹤楼的时候讲过,李白对朋友是很真诚的。他为吴指南办理后事,也充分说明了这一点。

李白第三次来洞庭湖是在流放夜郎的途中。这一次只是经过洞庭湖。

第四次是在流放夜郎遇赦之后。李白这一次游洞庭湖有几个人陪同。他写了十多首诗,其中一首是《与夏十二登岳阳楼》:

> 楼观岳阳尽,川迥洞庭开。
> 雁引愁心去,山衔好月来。
> ——《与夏十二登岳阳楼》②

这是中国古典诗歌中第一次出现"岳阳楼"这个名字。李白是大名鼎鼎的诗仙,这首诗又写得很好,从此以后,"巴陵城楼"就改称"岳阳楼"了。所以岳阳楼的得名同黄鹤楼一样,也是来自文学。

岳阳楼,由于"诗仙"李白的到来,才有了今天的这个名字;由于有"诗圣"杜甫的到来,它的名声才越来越大。

那么,杜甫又是怎么到岳阳楼来的呢?

"诗圣"杜甫的忧国之泪

诗圣杜甫是河南府巩县(今河南省巩义市)人,他来岳阳楼与"安史

---

① 参见李白:《上安州裴长史书》,郁贤浩校注:《李太白全集校注》(七),凤凰出版社2015年版,第3701页。

② 郁贤浩校注:《李太白全集校注》(七),凤凰出版社2015年版,第2654—2655页。

之乱"有着直接的关系。

"安史之乱"是由唐朝的军事将领安禄山、史思明发动的一场长达八年之久的内乱。这场内乱的爆发时间是在唐玄宗天宝十四年（公元755年）的冬天。"安史之乱"爆发之后不久，杜甫和他的妻小就开始了颠沛流离的生活。他们先在今天的陕西西安、华县、富县、宝鸡和甘肃天水一带漂泊了五年。唐肃宗上元元年（公元760年）春天之后，杜甫一家到了南方，又在今天的四川成都、梓潼、阆中、重庆奉节、湖北的江陵、公安一带漂泊了八年。唐代宗大历三年（公元768年），杜甫到了岳州。

杜甫为什么要来岳州呢？他的愿望是要去更南边的郴州，去投奔做郴州刺史的舅舅崔伟。岳州只是路过。

这个时候的杜甫已经五十七岁了，处境非常艰难。不仅一家老小衣食无着，饥寒交迫，他自己也是一身的病，肺病、糖尿病、风湿病都有，右臂偏枯，耳朵也有些聋了。南方多雨湿热，他们一家大小长期蜗居在一只小船上，其郁闷、苦楚可想而知。加上与兄弟姐妹、亲戚朋友都失去了联系，可以说是孤立无援。他每天都在渴望回到北方，回到家乡，但北方一直都在打仗，家乡根本回不去。他的《登岳阳楼》这首诗就是在这个背景之下写的。

  昔闻洞庭水，今上岳阳楼。吴楚东南坼，乾坤日夜浮。
  亲朋无一字，老病有孤舟。戎马关山北，凭轩涕泗流。
            ——《登岳阳楼》[1]

"昔闻洞庭水，今上岳阳楼。"意思是说，我很早就知道有个洞庭

---

[1] 张溍著、聂巧平点校：《读书堂杜工部诗文集注解》，齐鲁书社，2014年，第1283—1284页。

湖，但是一直都没有机会来看一看。今天，我终于登上了岳阳楼，可以亲眼看一看洞庭湖了。那么，洞庭湖又怎么样呢？

八百里洞庭湖，真是大得不得了，把东南地区的吴国故地和楚国故地都分圻开了。它不仅大，而且气象壮阔，日月星辰好像就在它上面日夜浮动一样。

第三联由洞庭湖转到自身，"亲朋无一字，老病有孤舟。""安史之乱"爆发之后不久，他就带着一家老小，由北到南，四处漂泊，和亲戚朋友都失去了联系，而且一身是病，又长期蜗居在一只小船上。洞庭湖如此广大，自己的生存空间竟如此渺小。这样一对比，不就写出了诗人命运的可悲吗？

那么，是什么原因使得自己沦落到这步田地呢？是战争，是连续十多年的动乱。这时候，"安史之乱"虽然平息了，但是吐蕃、回纥又相继入侵中原，黄河以北一直都在打仗。国家动乱，异族入侵，人民流离失所。自己的命运是和国家的命运联系在一起的。只有战争平息了，国家安定了，自己和家人才能回到阔别多年的家乡。可是，战争什么时候才能平息呢？国家什么时候才能安定呢？他不知道。想到这里，这位颠沛流离十多年的老诗人，就只有扶着岳阳楼的栏杆，涕泪交流了。

岳阳楼公园内的怀甫亭

杜甫在岳州小作停留之后，又经过潭州（今湖南长沙）、衡州（今湖南衡阳），然后沿耒水而上，准备去投奔在郴州任刺史的舅舅崔伟。没想到船行至耒阳县的方田驿，江水暴涨，无法继续前行，于是就在方田驿停泊了五天。没有吃的，一家人整整饿了五天。耒阳县令得知消息，就派人带上牛肉和白酒来慰问杜甫一家。有些书上讲，杜甫正是因为饿了五天，得到耒阳县令送来的牛肉和白酒，饮食过量，当天晚上就撑死了。所谓"啖牛肉白酒，一夕而卒于耒阳"。[①]

杜甫真的是撑死的吗？绝对不是。事实上，杜甫食过牛肉、白酒之后，第二天精神好一点，就上岸，走陆路四十里来到耒阳县衙，面谢县令，还写了一首诗送给他。杜甫有一个特点，就是得到人家的帮助或者馈赠，就一定要写诗送给人家，以诗还礼。所谓"啖牛肉白酒，一夕而卒于耒阳"，是没有依据的谣传。

那么，杜甫后来有没有去郴州投奔他舅舅呢？也没有。原因是天气太热，他的身体实在吃不消，于是就改了主意，开始北返。正是在北返的途中，杜甫病死在长沙至岳阳的水路上。

由于无地、无钱安葬，他的灵柩被临时安放在岳州昌江县（今湖南岳阳市平江县），四十年后，才由他的孙子杜嗣业运回到河南偃师安葬。因此，岳州昌江乃是杜甫一生的最后一站。在岳阳市平江县的小田村，至今还有一座杜甫墓。据《平江县志》记载，小田村里还有杜甫的后裔。

《登岳阳楼》这首诗既是杜甫五言律诗的压卷之作，也是所有岳阳楼诗的压卷之作。尤其是"吴楚东南坼，乾坤日夜浮"这两句，堪称千古名句。

据元代著名学者方回讲，他曾经登过岳阳楼，见到在右序毯门的墙壁上，大字书写杜甫的《登岳阳楼》；而在左序毯门的墙壁上，则大字书

[①] 刘昫等撰《旧唐书·文苑下》，中华书局1975年版，第5055页。

写孟浩然的《望洞庭湖赠张丞相》。他还说，由于有这两首诗，"后人自不敢复题也"（《瀛奎律髓》）。那么，孟浩然又是怎么来岳阳楼的呢？

"诗隐"孟浩然的济世之志

孟浩然来岳阳楼，是在他任荆州长史张九龄的幕府从事时，陪着张九龄一块来的。

所谓幕府从事，就是幕僚。可能有人会问，孟浩然不是一个著名的隐士吗？他怎么会做张九龄的幕僚呢？

这里有两个原因：

第一，孟浩然虽然是一个隐士，但并非两耳不闻山外事。他同时也是一个热心于公益，热心于扶危济困，热心于为人排忧解难的人。也就是说，他也是一个有家国情怀的人。我们不妨看看下面这两条记载：

《新唐书·文苑传》：

> 孟浩然字浩然，襄州襄阳人，少好节义，喜振人患难，隐鹿门山。[1]

王士源《孟浩然集序》：

> 救患释纷，以立义表；灌园艺竹，以全高尚。[2]

---

[1] 欧阳修、宋祁撰：《新唐书·文苑传》，中华书局1975年版，第5779页。
[2] 引自傅璇琮主编：《唐才子传校笺》，中华书局1987年版，第362页。

这两条记载说明了什么呢？说明孟浩然这个人在人格上具有两面性：一方面，他是一个隐士，隐居襄阳鹿门山，浇水种菜，栽花艺竹，陶醉于自然山水；另一方面，他又是一个热心于扶危济困，热心于为他人排忧解难的人，并不是通常所说的那种独善其身，不关心他人、不关心社会的隐士。

第二，孟浩然所处的时代是盛唐，那是一个有作为的、积极向上的时代。读书人生在这样一个时代，都有一种兼济天下的抱负，都希望能在政治上有所作为，都希望通过为官来一展所学。

正因为孟浩然生在一个有作为的时代，又有扶危济困、为人排忧解难的一面，所以他曾经两次下山，去长安寻求功名。

孟浩然第一次到长安，是在唐玄宗开元十六年（公元728年），时年四十岁。这一次到长安，是参加进士考试，但没有考中。

五年之后，也就是开元二十一年（公元733年），孟浩然第二次到了长安。这一次到长安是准备面见皇帝。

唐人王士源的《孟浩然集序》记载了这样一个故事：说荆州长史韩朝宗发现孟浩然是一个难得的人才，有一次回长安述职，他就让孟浩然同行，准备把孟浩然推荐给皇帝。他跟孟浩然约定："你就在长安找个地方住下来，某月某日，我带你去见皇帝"。孟浩然说："好！"谁知到了那一天，孟浩然却跟几个朋友出去喝酒去了。朋友中有一个人知道他跟韩朝宗有约，就提醒他："你不是跟韩公有约，今天要去见皇帝吗？"没想到这孟浩然根本没把见皇帝当回事，甚至还对朋友发了一通脾气："你没见我在喝酒吗？人生在世，不过及时行乐而已。"于是就把一餐酒痛痛快快地喝完，把见皇帝的事耽误了。事后，他也不后悔。

可见这孟浩然也是一个率性之人。

这个率性之人两次赴长安求功名，都是无功而返。直到开元二十五年（公元737年），张九龄罢相，出任荆州大都督府长史，聘他为从事，也就是聘他做幕僚，孟浩然才第一次也是平生唯一一次出来给官府做事。

　　孟浩然在荆州幕府时，经常陪同张九龄游览名胜、写诗唱和。据孟浩然的诗集记载，他们一同游览过荆州城楼，游览过纪南城，游览过渚宫（楚国的宫殿），游览过当阳城楼，也游览过岳阳楼。他的《望洞庭湖赠张丞相》就是在这个时候写的。这里的张丞相就是指张九龄。

　　　八月湖水平，涵虚混太清。气蒸云梦泽，波撼岳阳城。
　　　欲济无舟楫，端居耻圣明。坐观垂钓者，徒有羡鱼情。
　　　　　　　　　　　　　　——《望洞庭湖赠张丞相》[①]

　　这首诗的前半截写洞庭湖，写得很壮观，很有气势。尤其是"气蒸云梦泽，波撼岳阳城"这两句，是写洞庭湖的千古名句。后半截写自己想出来做官，可惜没有人推荐。意思就是想请张九龄推荐他取得功名，做一个正式的朝廷命官，而不只是做一个幕僚。因此，这首诗也体现了一种家国情怀。

　　何以见得其中体现了一种家国情怀呢？

　　请大家注意，他用了一个"济"字。"济"字的本义是渡河，引申为"接济""赈济""周济""救济""兼济天下"等意思。"兼济天下"就是出来做官，与"独善其身"是相对而言的。中国古代读书人的处世原则，就是"达则兼济天下，穷则独善其身"。而"兼济天下"，就是一种家国情怀。

　　孟浩然说"欲济无舟楫"，意思是说，我想出来做官，但是没有人引荐，就像一个人想渡河，但是没有船和桨一样。我生活在这样一个"圣明"的时代，却不能在政治上有一番作为，只是隐居、赋闲，这让我感到惭愧和羞耻。可是有什么办法呢？我只能羡慕那些有背景、有能耐的人，就像一个

[①] 《全唐诗》卷一六〇，中华书局1960年版，第1633页。

想钓鱼的人而没有钓钩，只能羡慕那些有钓钩并且能够钓到大鱼的人。

孟浩然本来就是一个热心肠的人，本来就是一个热心为他人排忧解难的人，又生活在一个有作为的时代，他想出来做官，这是可信的，也是好事，应该得到肯定。

不过，话说回来，孟浩然毕竟是个"灌园艺竹"的隐士，隐士要出来做官就像尼姑要还俗嫁人一样，多少还是有点不好意思的，所以他的话就说得比较含蓄，不是那么直白。

有人认为，同样是登岳阳楼，同样是观赏洞庭湖，杜甫所想的是国家的命运，孟浩然所想的是个人的前途，因此孟诗的思想境界没有杜诗高。

我认为，这种评价有点简单化。评价这两首诗，要注意两位诗人登楼时的不同背景。孟浩然登岳阳楼的时候，正是盛唐时期，国家正处于上升阶段，读书人都希望通过为国家效力来实现自己的价值。孟浩然讲"欲济无舟楫，端居耻圣明"，不正是希望为国家效力吗？杜甫登岳阳楼的时候已经不是盛唐，而是中唐了，国家正处在动乱时期，他自己又一身是病，年纪也老大了。既老且病，又漂泊江湖，除了为国家的命运担忧，他还有什么条件去为国家效力呢？

什么是家国情怀？就是对家庭、对家乡、对国家的一种热爱，一种责任感。这种热爱和责任感，既可以体现为修身、齐家、治国、平天下的情怀，也就是兼济天下的情怀，也可以体现为关爱家人、关心家乡、心忧天下的情怀。孟浩然的兼济天下的情怀与杜甫的心忧天下的情怀，原是一个问题的两面，它们在本质上是相通的。

杜甫也好，孟浩然也好，范仲淹也好，都在岳阳楼上留下了经典之作，都体现了一种家国情怀。如果说，杜甫的家国情怀是一种心忧天下的情怀，孟浩然的家国情怀是一种兼济天下的情怀，那么，范仲淹的家国情怀又是一种什么样的情怀呢？请看下文。

万家忧乐到心头

说到岳阳楼，我们很自然地就会想到范仲淹，想到范仲淹的《岳阳楼记》。

在岳阳楼的一楼正厅悬挂着这样一副对联：

四面湖山归眼底

万家忧乐到心头

这"忧乐"二字就来自范仲淹的《岳阳楼记》：

先天下之忧而忧，后天下之乐而乐。

所谓"忧乐"，就是"先忧后乐"。事实上，范仲淹的家国情怀就是这种"先忧后乐"的情怀。岳阳楼上几乎所有的诗、赋、楹联都与"先忧后乐"的情怀有关；整个岳阳楼几乎都被这种"先忧后乐"的情怀所充盈。

不在现场的写作

《岳阳楼记》开头写道：

  庆历四年春，滕子京谪守巴陵郡。越明年，政通人和，百废俱兴，乃重修岳阳楼，增其旧制，刻唐贤今人诗赋于其上，嘱予作文以记之。①

  巴陵郡就是今天的岳阳，两晋南北朝时叫巴陵郡，唐宋时叫岳州。滕子京就是滕宗谅，他在北宋庆历四年（公元1044年）贬谪岳州，庆历五年（公元1045年）重修岳阳楼。范仲淹作《岳阳楼记》是在庆历六年（公元1046年）。

  据史料记载，庆历五年正月，范仲淹罢参知政事（副宰相），以资政殿学士知邠州(今陕西彬县一带)，兼陕西四路缘边安抚使。十一月，罢陕西四路缘边安抚使，改知邓州。②庆历六年九月十五日，作《岳阳楼记》。

  范仲淹写作《岳阳楼记》的时候，他本人并不在岳阳，不在景观现场。他在哪呢？

  在邓州，就是今河南省南阳市。有人甚至说，他一生根本就没有登过岳阳楼，也没见过洞庭湖。人不在岳阳楼现场，甚至从来就没有登过岳阳楼，却可以写出脍炙人口的《岳阳楼记》，可以把洞庭湖写得有声有色。凭什么呢？仅仅是凭他的才华和灵感吗？

  就文学创作来讲，作家的才华和灵感固然很重要，但是，仅仅有才华和灵感还是不够的，还必须具备相应的生活经历、人文情怀和精神境界。

  我认为，范仲淹不在岳阳而可以写出脍炙人口、名传千古的《岳阳楼记》，除了他作为文学家的才华和灵感，还有三个很重要的条件：一是

---

① 范仲淹：《岳阳楼记》，《全宋文》第十八册，上海辞书出版社、安徽教育出版社2006年版，第420页。按：本书所引《岳阳楼记》，均出自该版本，不再一一注明。

② 傅璇琮主编：《宋才子传笺证·范仲淹传》，辽海出版社2011年版，第307—308页。

特殊的生活经历,二是"古仁人之心",三是以天下为己任的境界。

特殊的生活经历

"洞庭天下水,岳阳天下楼",岳阳楼是和洞庭湖紧密联系在一起的,没有洞庭湖,就没有岳阳楼。当年,三国东吴的名将鲁肃建"阅军楼",也就是最早的岳阳楼,就是为了检阅和指挥洞庭湖上的水军操练。隋唐以后,随着国家的统一,这座楼的军事功能不复存在,它成了一座纯粹的观景楼。观什么景?不就是洞庭湖吗?也就是说,隋唐以后的岳阳楼就是为了观洞庭湖之景而存在的一座楼。由于岳阳楼的这个性质或特点,因此写作《岳阳楼记》这样的文章,必须熟悉洞庭湖。这是一个最基本的条件。

如果像有些人所说的那样,范仲淹既没登过岳阳楼,也没见过洞庭湖,完全是凭自己的想象和才华写出《岳阳楼记》,这是很难令人信服的。

我认为,范仲淹也许真的没有登过岳阳楼,但不一定没有见过洞庭湖,至少是见过并且熟悉与洞庭湖类似的湖。我的依据有两点:

第一,范仲淹是跟着他的继父朱文翰长大的。朱文翰对范仲淹是很爱护的。他去哪里做官,就把年幼的范仲淹带到哪里。而朱文翰就曾经在澧州安乡县(今湖南省安乡县)做过官。安乡县在哪里?不就在洞庭湖的西边吗?从中国历史地图上看,宋代的安乡县是紧挨着洞庭湖的。因此我认为,年幼时的范仲淹是见过洞庭湖的。

第二,范仲淹的老家在苏州吴县(今江苏省苏州市吴中区),吴县在哪里?不就在太湖之滨吗?虽然范仲淹不是在吴县出生的,也不是在吴县长大的，但是他的家族在吴县，他的亲生父亲范墉去世之后就埋葬在吴县天平山的祖茔里。他晚年还在吴县建了一个"义庄"，用来资助家族的穷人。因此他是要经常回吴县老家的。回吴县就可以看到太湖。更重要的是，宋仁宗景祐元年（公元1034年），也就是在他写作《岳阳楼记》之前十二年，他还做过苏州知州。在做苏州知州的时候，他做了一件很重要的事情，就是主持苏州的水利建设，疏浚苏州的五条河流，同时对太湖进行治理。由于这些原因，他对太湖是很熟悉的。

太湖是长江下游的一个淡水湖，洞庭湖是长江中游的一个淡水湖，它们是有许多共同点的。

我们看看他的《岳阳楼记》对洞庭湖景色的描写：

> 予观夫巴陵胜状，在洞庭一湖。衔远山，吞长江，浩浩汤汤，横无际涯，朝晖夕阴，气象万千。此则岳阳楼之大观也。

这是总体上描写洞庭湖的景色。洞庭湖有两个突出特点：一是大，所谓"浩浩汤汤，横无际涯"；二是富于变化，所谓"朝晖夕阴，气象万千"。再往下看：

> 若夫霪雨霏霏，连月不开，阴风怒号，浊浪排空，日星隐耀，山岳潜形，商旅不行，樯倾楫摧，薄暮冥冥，虎啸猿啼。登斯楼也，则有去国还乡，忧谗畏讥，满目萧然，感极而悲者矣。

这是写雨季的洞庭湖，所谓"阴风怒号，浊浪排空"，日月星辰与山岳都不见了，眼前所见到的是侧翻了的船，折断了的桨，所听到的则是虎的咆哮、猿的哀鸣，很恐怖。这种恐怖的景象很容易让人联想到自己所蒙受的打击和不幸，联想到自己背井离乡的处境，心情悲凉。再往下看：

至若春和景明，波澜不惊，上下天光，一碧万顷，沙鸥翔集，锦鳞游泳，岸芷汀兰，郁郁青青。而或长烟一空，皓月千里，浮光跃金，静影沉璧。渔歌互答，此乐何极。登斯楼也，则有心旷神怡，宠辱偕忘，把酒临风，其喜洋洋者矣。

这是写晴天的洞庭湖。白天是"上下天光，一碧万顷"，沙鸥在湖上飞翔，美丽的鱼儿在水中游泳。湖四周的山峦、原野都郁郁青青。晚上是"长烟一空，皓月千里"，湖面上波光闪烁，渔歌阵阵。看到这种生机勃勃的祥和的景象，则令人心旷神怡，临风把酒，什么得失、荣辱都不放在心上了。

这三段文字不仅生动地描写了洞庭湖波澜壮阔、气象万千的景色，而且还写出了洞庭湖在不同季节的不同特点，以及观景之人的不同感受和表现。那么，这些景色与太湖有没有某些相似之处呢？应该说，还是有几分相似的。

因此，可以肯定地说，范仲淹对洞庭湖景色及其特点的生动描写，既来自于他少年时期对洞庭湖的第一印象，也来自于他对家乡太湖的细致观察。如果没有这两段特殊的生活经历，仅仅靠他的才华和想象，是很难把洞庭湖的景色写得这么生动的。

古仁人之心

范仲淹在《岳阳楼记》的结尾部分写道：

嗟夫！予尝求古仁人之心，或异二者之为，何哉？不以物喜，不以己悲。居庙堂之高，则忧其民；处江湖之远，则忧其君。是进亦忧，退亦忧。然则何时而乐耶？其必曰：先天下之忧而忧，后天下之乐而乐。

　　噫，微斯人，吾谁与归？

　　什么是"古仁人之心"？所谓"古仁人之心"，也就是"先忧后乐"之心。"先天下之忧而忧，后天下之乐而乐"这两句话，乃是千古名句，几乎人人都能讲，但是普天之下，古往今来，又有几人能够做到？孔子做到了吗？孟子做到了吗？孔子、孟子有没有做到，我不敢肯定；我敢肯定的是，范仲淹做到了。

　　范仲淹一生都在用他的行动实践这两句话。这两句话在他那里不是一个口号，更不是一种标榜，而是一种生命体验。

　　为什么说是一种生命体验呢？要想回答这个问题，还得从他的身世和生平说起。

　　我刚才讲过，范仲淹的老家在苏州吴县（今江苏省苏州市吴中区），但他本人并非出生在吴县，而是在徐州。他的父亲范墉当时在徐州任武宁军节度掌书记，他就出生在父亲工作的官署内。

　　范仲淹两岁的时候，父亲因病去世，留下两个哥哥和他。当时他大哥才六岁，二哥四岁。他母亲无依无靠，没有能力养活三个孩子。怎么办呢？

　　只有再嫁。在宋代，寡妇再嫁是被允许的。他的母亲再嫁的这个人叫朱文翰，淄州长山（今山东邹平）人。从此，他就跟着继父姓朱，叫朱说。他参加进士考试的时候，就是用的"朱说"这个名字。

　　直到二十三岁的时候，范仲淹才知道自己的身世，知道自己原来并不姓朱，而是姓范；知道母亲之所以再嫁朱氏，是为了把两个哥哥和他抚养成人。于是感激得大哭了一场。哭过之后，辞别母亲，去应天书院求学。

应天府书院

这个应天书院就是后来的应天府书院，在今天的河南商丘，它是北宋时期最有影响的书院，也是中国古代四大书院之一，用今天的话来讲，它是中国古代最有名的高等学府。这个书院在宋代培养了两个著名的宰相，一个是晏殊，一个就是范仲淹。

在应天书院，范仲淹日夜苦读，五年没有解衣就寝，都是穿着衣服小睡一会，醒了就马上起来读书。平时读书读累了，就用凉水浇浇脸，清醒一下，接着再读。

他在读书期间的饮食是很差的，每天都是吃粥，整整吃了五年。同学中有一个官家子弟，见他天天吃粥，很是同情，提出把自己在公厨（公家食堂）的饭菜送给他，被范仲淹谢绝了。范仲淹说："我平时吃粥吃惯了，突然间享受美味佳肴，以后再吃粥时怎么吃得下去呢？"

事实上，范仲淹早年在淄州长山县的一间寺庙读书时，也是每天吃粥的。他每天煮上一小锅粥，然后分为四块，早晚各取两块，撒上一点盐或者拌一点咸菜。①

古代的读书人在发达之前，由于贫穷而吃粥咽菜的并不只他一个。例如北宋时就有一个很有名的人，叫宋祁（湖北安陆人），他是一位史学家，也是一位词人。《新唐书》就是他和欧阳修共同撰写的，"红杏枝头春意闹"这一句脍炙人口的词就是出自他之手。他比范仲淹小九岁。他年轻的时候曾经和哥哥宋庠在一个寺庙里读书，由于贫穷，也曾吃粥咽菜。后来他中了进士，做了大官，就极尽奢华。家里歌儿舞女成群，常常是点着华灯，搂着美女喝酒，不醉不休。即便是晚上编撰《唐书》，他也是让美女站在左右两边，为他掌灯、研墨，所谓"珠围翠绕"。他这样奢华，连他的哥哥宋庠都看不下去了。宋庠托人传话说："你在家里'烧灯夜宴，穷极奢侈'，你可曾记得我们当年吃粥咽菜的日子？"宋祁回答说："我当然记得。不过我要问你，我们当年吃粥咽菜，究竟是为了什么？不就是为了今天的享受吗？"②

所以说，年轻的时候，未发达的时候，吃点苦不算什么，问题是发达之后的表现。有的人年轻的时候受了穷，吃了苦，后来发达了，做了官，就狠狠地捞一把，享受一把，就像股市经过一段时间的低迷之后，就来一个报复性的反弹。

范仲淹绝对不是这样的人。他从来没有忘本。他是有"古仁人之心"的。他的"古仁人之心"，首先表现为感恩之心与同情之心。

二十八岁的时候，范仲淹中了进士，做了官，就把母亲接回来，由他自己来赡养。他又给皇帝上书，要求恢复范姓，改名范仲淹。他的官越做越大，一直做到参知政事（副宰相），但是他的家庭生活水平并没有因此而

---

① 脱脱等撰：《宋史·范仲淹传》，中华书局1985年版，第10267页。
② 丁传靖辑：《宋人轶事汇编》（上册），中华书局1981年版，第308页。

步步高，而是一直都很清贫，甚至很寒酸。寒酸到什么程度呢？寒酸到几个孩子连两件像样的衣服都没有。钱都去哪了？《宋史·范仲淹传》记载说：

> 尝推其俸以食四方游士，诸子至易衣而出，仲淹晏如也。①

原来他把自己的工资拿去资助那些从全国各地来的读书人去了，以至于让自己的孩子"易衣而出"。什么叫"易衣而出"？就是孩子们只有一件像样一点的衣服，谁外出谁就穿上它，回到家就脱下来。孩子们都穷到这个份上了，范仲淹却一点也不在意。所谓"晏如也"，就是安然自乐的意思，就像孔子的弟子颜回那样："人不堪其忧，回也不改其乐"。

六十一岁的时候，范仲淹攒下了一点钱，就在自己的家乡苏州建了一个"义庄"。所谓"义庄"，就是由他出钱，在吴县和长洲县买下十多顷良田，然后把这些良田拿去出租，所得租米，用来供养范氏家族各房的人，包括他们的婚嫁丧葬之费用。

需要强调的是，范仲淹对朱家的人也是很照顾的。除了在经济上接济他们，他还规定，范、朱两家的女人，如果死了丈夫，都可以再嫁。再嫁的时候，他都要送一份嫁妆。

由此可见，范仲淹对母亲的再嫁，不仅是理解的，而且心存感激。如果母亲不再嫁，他们三兄弟说不定早就饿死了。

范仲淹没有忘本。无论是对母亲，还是对养父，他都怀着感恩之心。无论是对范家的人，还是对朱家的人，无论是对四方游学之士，还是对家乡父老，他都怀着同情之心。

感恩之心，是对帮助过自己的人而言；同情之心，是对需要自己帮助的人而言。感恩之心与同情之心是相辅相成的。有感恩之心者必有同

---

① 脱脱等撰：《宋史·范仲淹传》，中华书局1985年版，第10267—10268页。

情之心，有同情之心者必有感恩之心。《宋史·范仲淹传》说他：

> 非宾客不重肉。妻子衣服，仅能自充。而好施予，置义庄里中，以赡族人。……死之日，四方闻者，皆为叹息。……羌酋数百人，哭之如父。①

正因为他一直怀着感恩之心与同情之心，一直都在帮助那些需要帮助的人，一直都把别人的困难放在前边，把自己的享受放在后边，他才能说出"先天下之忧而忧，后天下之乐而乐"这两句话，而且说出来才有人信；像宋祁那样的人是说不出这样的话的，即便说了，也是空话、大话、套话，没人信的。

因此，我认为，"先天下之忧而忧，后天下之乐而乐"这两句话既是范仲淹一生为人处世的一个总结，更是他的一种生命体验。

以天下为己任

范仲淹不仅富有感恩之心与同情之心，更有一种"以天下为己任"的人生境界。也就是说，他不仅能够为自己身边的人着想，更能为天下人着想；不仅能想到自己身边人的忧乐，更能想到天下人的忧乐。这就是一种最高层次的家国情怀。

我们知道，宋代是一个在经济上、教育上、科技上、文化上高度发达的朝代，也是一个在军事上非常弱势的朝代。宋代的军事威胁主要来

---

① 脱脱等撰：《宋史·范仲淹传》，中华书局1985年版，第10276页。

自北方的游牧民族,而在范仲淹的时代,则主要来自西夏。

范仲淹是北宋著名的政治家、文学家,也是一位著名的军事家。他曾经在西北带兵多年。他治军严明,熟悉地理环境,又能与另一位军事家韩琦齐心协力,因而为抗击西夏的侵略,为保卫西北边境的安全做出了重要贡献。当时西北一带流行这样一首歌谣:

> 军中有一韩,西贼闻之心骨寒;
> 军中有一范,西贼闻之惊破胆。

范仲淹还是一位著名的改革家。他一生为官,主要是做地方官,包括在西北带兵,真正做京官的时间不多,真正做参知政事(副宰相)的时间只有一年半。但是,就是在这一年半的时间内,他锐意推出了"庆历新政",对吏治、科举、农业、赋税、军事等进行全方位的改革。

《宋史·范仲淹传》记载:

> 仲淹以天下为己任,裁削倖滥,考覆官吏,日夜谋虑兴致太平。①

这次改革是有成效的。虽然由于步子快了一点,规模大了一点,由于得罪了既得利益集团而不得不半途而废,但是却为后来王安石主持的更大规模的改革奠定了基础,积累了经验。

由此,我们不难看出,"先天下之忧而忧,后天下之乐而乐",既是一种感恩之心与同情之心,更是一种责任、一种担当、一种境界。

可能有人会认为,"先忧后乐"太高端、大气、上档次了,只有范仲淹这样的人才能做到,我们是普通人,我们做不到。事实上,"先忧后

---

① 脱脱等撰:《宋史·范仲淹传》,中华书局1985年版,第10275页。

乐"有两种境界：一种境界是怀有同情之心，一种境界是以天下为己任。以天下为己任，普通人做不到；但是怀有同情之心，同情弱者，帮助弱者，普通人是可以做到的。

正是由于特殊的生活经历、"古仁人之心"和以天下为己任的境界这三个重要条件，再加上自己的文学才华和灵感，范仲淹才能写出《岳阳楼记》这篇文章。

正是由于《岳阳楼记》进一步扩大了岳阳楼的影响，岳阳楼才能成为"江南三大名楼"之一。

作为"江南三大名楼"之一的另一座名楼——滕王阁，也是因为王勃的《滕王阁序》而名满天下的。那么，王勃的《滕王阁序》又是如何产生的？它的背后又有什么故事呢？请看下文。

【关于岳阳楼的问答】

一、岳阳楼的建筑特色是什么？其中体现了古代劳动人民怎样的聪明智慧？

关于岳阳楼的建筑特色，我认为有三点值得关注：一是它的拱券形的门洞，二是它的将军头盔式的楼顶，三是它的"井"字形的架构。全楼由4根大楠木柱支撑，直贯楼顶，形成"井"字架构。这种建筑风格的古代楼阁，现存的不多，体现了古代劳动人民的不拘一格的聪明智慧。

二、岳阳楼楼顶的结构看起来像一个将军的头盔，这是岳阳楼最初的面貌吗？

最初的岳阳楼是东吴大将鲁肃修建的一个阅军楼。这个楼在历史上屡毁屡建，有史料可查的就有三十多次。今天我们看到的这个岳阳楼，是清光绪六年（公元1880年）重修的。岳阳楼的形制和规模在历史上多有变化，这个像将军头盔的结构应该不是最初的岳阳楼的面貌。最初的岳阳楼是个什么模样，已经无从查考了。

三、《岳阳楼记》中说到的"不以物喜，不以己悲"这句话，体现了范仲淹怎样的人生境界？

"不以物喜，不以己悲"的意思，就是不因外物的好坏和自己的得失而或喜或悲，也就是不把个人的得失放在心上，体现了范仲淹先人后己、先忧后乐（先天下之忧而忧、后天下之乐而乐）的人生境界。

滕王阁

【滕王阁序】 王勃

云销雨霁,彩彻区明。落霞与孤鹜齐飞,秋水共长天一色。渔舟唱晚,响穷彭蠡之滨;雁阵惊寒,声断衡阳之浦。

【滕王亭子】 杜甫

君王台榭枕巴山,万丈丹梯尚可攀。
春日莺啼修竹里,仙家犬吠白云间。
清江锦石伤心丽,嫩蕊浓花满目斑。
人到于今歌出牧,来游此地不知还。

登高作赋滕王阁

中国现存的滕王阁有两个，一个在江西南昌，另一个在四川阆中。

南昌滕王阁，位于南昌市沿江路赣江东岸，钢筋混凝土仿木结构，面阔三间，进深三间，六层，高达57.5米。

南昌滕王阁

公元675年的重阳节这一天，有一位二十五岁的年轻人登上南昌滕王阁，写下了一篇传诵千古的文学佳作《滕王阁序》，成为古往今来重阳节登高作赋的一个经典。

这个年轻人就是唐代著名诗人，"初唐四杰"之一的王勃。

一千三百多年来，人们一说到南昌，就会想到滕王阁；一说到滕王阁，就会想到王勃的《滕王阁序》。

滕王阁是与王勃的《滕王阁序》相辅相成的：没有滕王阁，就没有王勃的《滕王阁序》；没有王勃的《滕王阁序》，就没有名扬四海的滕王阁。

那么，王勃是如何来到南昌，如何登上滕王阁，又是如何写出《滕王阁序》的呢？

家君作宰，路出名区

王勃是山西人，不是江西人。他来南昌，登上滕王阁，是一件非常偶然的事。如果不是因为犯了死罪，因为连累了父亲，他怎么可能来到南昌，又怎么可能登上滕王阁呢？

这话还得从他的家世与遭遇说起。

王勃（650—676），字子安，绛州龙门（今山西河津）人，出身于文化名门。他的祖父王通是隋朝末年的大学者，人称"文中子"。

出身于这样的文化名门，王勃的遗传基因应该是很好的。

事实上，王勃不仅遗传基因很好，早期教育也很好。他出生时，虽然祖父王通已经不在世了，但是，他的父亲王福畤也是一位有才学的人。王福畤有三个儿子，一个叫王勔，一个叫王勮，一个叫王勃，三个儿子都很有才学，人称"王氏三株树"。由此可见，王福畤的家庭教育是很成功的。

王勃的遗传基因好，又受到很好的早期教育，因此，他六岁就会写文章，九岁的时候就能研读大学者颜师古的名著《汉书注》。请大家注意，我这里说的是"研读"，不是一般的阅读。《汉书》是班固写的，历代为《汉书》作注的学者很多，但是最权威的《汉书注》就是颜师古的《汉书注》。而王勃这个九岁少年居然发现了颜师古《汉书注》的许多瑕疵，还专门为此写了一本书，叫《指瑕》，指出颜师古《汉书注》的瑕疵。用今天的话来讲，就是一个九岁的少年和一个闻名天下的大学者叫板。

厉害了吧？因此在当时，王勃就被人们誉为"神童"。

当朝宰相刘祥道在绛州龙门一带考察的时候，发现了这个"神童"，于是就向朝廷推荐，让他参加"幽素科"考试。"幽素科"是唐代科举考试中的一个门类，它的地位相当于"进士科"。王勃一举登第，被授予"朝散郎"的官职。朝散郎是多大一个官呢？从七品，相当于今天的一个处级干部。而当时的王勃有多大呢？十六岁。

王勃十七岁的时候，出任沛王府侍读。沛王就是李贤，他是唐高宗的第六个儿子，后来曾经做过太子，也就是历史上很有名的"章怀太子"。所谓沛王府侍读，就是为沛王讲解经史的官。实际上，章怀太子的学问也很好，他著有《后汉书注》。刚才我讲到唐代大学者颜师古著有《汉书注》，而章怀太子则著有《后汉书注》，由此可见他也是一个很有学问的人。王勃被选为沛王府侍读，可见他的学问是得到高度认可的。这当然是一种荣誉，但是他的坎坷命运也从此开始。

那时候，王子们喜欢玩一种游戏——斗鸡。所谓斗鸡，就是把两只性情凶猛的公鸡放在一起，让它们互相用嘴巴啄、用爪子劈。如果两只公鸡相斗很久，都有疲惫之态，怎么办呢？就用凉水把它们喷醒，使它们再次振奋起来，重新投入战斗，直到其中一只公鸡败下阵来为止。

斗鸡的场面是相当激烈的。两只公鸡斗得难分难解，两眼充血，观看的人也觉得很刺激。因此，在唐代，尤其是在王孙公子中间，就盛行这种游戏。

有一次，沛王和英王举行斗鸡比赛，王勃就写了一篇战斗檄文《檄英王鸡文》，其实就是一篇游戏文章。王勃以游戏的口吻，代表沛王向英王宣战。这个英王也有人说是周王，如果是周王，那就是后来的唐中宗。

斗鸡也好，写战斗檄文也好，都不过是年轻人玩的游戏，也就是玩一玩而已。但是这件事情被唐高宗知道了。唐高宗得知王勃写了这样一篇《檄英王鸡文》，大发雷霆，说："你这样做，岂不是要挑起王子之间的争斗吗？这样的人，怎么能够留在王府呢？给我赶出去！"于是，王勃就被赶出了王府。

唐高宗显然是小题大做了。

据王勃的朋友杨炯（也是"初唐四杰"之一）讲，王勃被赶出王府是因为才学出众，遭到同僚的嫉妒，于是就有人在唐高宗面前告了他的状。这一年，他才十九岁。

五年之后，王勃再次参加官员选拔考试，被录取，去了虢州，任虢州参军。虢州在今天的河南灵宝一带，参军是刺史的辅佐官，不是参军入伍的参军。参军是多大一个官呢？从九品。这样王勃就由原来的一个从七品的京官变成了一个从九品的地方官，降了两级。用今天的话来讲，就是由中央机关的一个处级干部变成了地方上的一个科级干部。

反差有点大。一是职级的反差有点大，二是同僚的反差有点大。

王勃是一个少年天才，一个著名诗人，又做过沛王府侍读，是一个见过大世面的人。现在到了地方上，所接触的那些同僚，哪能和王子比呢？于是，王勃就在言谈举止之间，在有意无意之间，流露出了某些看不起同僚的意思。这样就得罪了同僚。你一个外地人，一个被赶出王府的人，还看不起我们，你是谁呀？！

于是，就有人设计陷害他。这一次的陷害可不比上一次的陷害，而是要置他于死地。

他们买通一个犯了死罪的官奴,也就是官府的奴仆,叫曹达。他们让这个曹达混进王勃的家里,做了王勃的仆人。然后,他们又放出风来,说王勃窝藏一个犯有死罪的官奴。王勃听到这个风声,就很紧张,怕事情败露,落一个窝藏罪犯的罪名,怎么办呢?一时竟想不出一个好一点的办法来。年轻嘛,没有社会经验。情急之下,他居然把这个罪犯杀了!官奴纵然有死罪,也轮不到你来杀他呀!这就摊上大事了,自己犯了死罪。按照唐代的法律,王勃是要掉脑袋的。

碰巧的是,刚好在这个时候,皇帝颁旨:大赦天下。王勃在被赦免之列。但是,赦免也只是赦免了他的死罪,处分还是少不了的。什么处分呢?除名。就是开除公职,开除出公务员队伍。这一年,王勃才二十四岁。

王勃不仅丢了公务员的饭碗,还连累了他的父亲王福畤。朝廷认为,王福畤作为王勃的第一监护人,没有尽到监护之责,因此要处分王福畤。

王福畤受到的处分是什么处分呢?就是贬官交趾县令。交趾县在哪里呢?就在今天的越南河内以北,那个时候属于唐代的版图。王福畤此前是雍州司功参军,是天子脚下的一个官,现在被贬到万里之外的交趾做一个县令,可见这个处分还是很严厉的。

后来清朝有个学者叫姚大荣,写了一本《王子安年谱》。据他考证,王勃这一次也是遭人陷害,所谓"假手官奴,以攻其瑕"。就是那些嫉恨王勃的人,借官奴曹达的事,达到陷害王勃的目的。

王勃遭到陷害,同时也连累了自己的父亲。用今天的话来讲,就是"坑爹"。王勃坑了自己的爹,内心能好受吗?肯定是不好受的。因此,第二年的八月,他就决定去交趾省父,也就是看望自己的爹。

王勃是怎么到交趾的呢?这个问题很关键。据考证,王勃去交趾,是从洛阳出发的。唐代从洛阳到交趾,必须经过洪州府的府治南昌,然后再走章江水路到赣州,再翻越梅岭到广州,再由广州坐海船到交趾。

王勃有一位叔祖父叫王承烈，家住南昌。王勃从洛阳出发之后，就给这位叔祖父写了一封信，告诉他要经过南昌。八月二十九日，王勃到了浔阳（今江西九江），收到了叔祖父王承烈的回信，欢迎他来南昌。因此可以推测，王勃在南昌是住在王承烈的家里。正是这个王承烈，把王勃在南昌的消息传播出去了。

　　《滕王阁序》里有这样两句：

　　　　家君作宰，路出名区。①

　　宰，就是县宰，县令。名区，就是知名的地方。这两句的意思是：由于父亲在交趾县当县令，我去看望父亲，因此就来到了知名的南昌。

　　王勃就是这样来到南昌的。如果不去交趾，王勃就不会来南昌；不来南昌，怎么上得了滕王阁呢？

萍水相逢，尽是他乡之客

　　王勃《滕王阁序》中还有这样两句：

　　　　萍水相逢，尽是他乡之客。

　　萍水相逢，身处他乡，确实会让自己感到陌生，甚至感到孤独，相

---

① 王勃《秋日登洪府滕王阁饯别序》，王勃著、蒋清翊注、汪贤度校点：《王子安集》，上海古籍出版社1995年版，第230页。按：本书所引《秋日登洪府滕王阁饯别序》（简称《滕王阁序》）均出自该版本，不再一一注明。

信大家都不缺乏这一方面的感受。但是，萍水相逢，身处他乡，有时还有另一层的意义——积极的意义，这就是往往会有意想不到的机遇，或者说是意想不到的成功。王勃的南昌之行，正是如此。

九月九日，重阳节。驻守南昌的洪州都督阎伯屿要在滕王阁上举行一个酒会，为一位重要的朋友饯行。

这个酒会不同于一般的酒会，规格是很高的，规模也是很大的，用王勃《滕王阁序》的话来讲，就是"胜友如云""高朋满座"，就是"宾主尽东南之美"，整个东南地区的社会、文化名流都到了。这个酒会实际上是一个"诗酒之会"，以诗会友，因此也可以称为"滕王阁诗会"。

由于王勃是著名诗人，又刚好在南昌，因此就受到了阎伯屿的邀请。

我们不妨设想一下，如果这个诗会不是在南昌举行，而是在虢州举行，或是在长安、洛阳举行，以王勃这样一个杀过人、被开除出公务员队伍的人，一个既得罪了皇帝、又得罪了同僚的人，有可能被邀请吗？恐怕很难说。

但是，在异地他乡的南昌，他被邀请了。也许阎伯屿并不知道王勃杀人和被除名的事，不知道他被赶出王府的事；也许知道，但不介意。这就是异地他乡的积极意义。

按照古代"诗酒之会"的规矩，凡是与会之人都要写诗，写不出来就要罚酒。大家写完诗之后，再请一个有名望的人写一篇诗序。例如西晋时，石崇在洛阳搞了一个"金谷园诗会"，与会之人都写诗，然后再由他自己来写一篇《金谷园诗序》。东晋时，著名书法家和文学家王羲之参加过一个"兰亭诗会"，与会之人绝大多数都写了诗，写完之后，他又应邀写了一篇《兰亭集序》。这两个序都写得很好，都是名作，尤其是《兰亭集序》，成了文学史上的一个经典之作。

在南昌的这个"滕王阁诗会"上，许多人都写了诗。王勃本人也写了一首诗，名叫《滕王阁》，这首诗也写得很好。我们看许多唐诗选本都选了他这首诗。

诗写出来了，由谁来作序呢？这就是一个很值得关注的问题了。

当时出席这个诗会的人员中，有一个是洪州都督阎伯屿的女婿，姓孟，人称"孟学士"。王勃的《滕王阁序》中有这样两句："腾蛟起凤，孟学士之词宗"。可见这个孟学士也是一个颇有文采的人，不是打酱油的。东道主阎伯屿为了让自己的女婿出名，在头一天晚上，就让孟学士把序写好了。

这当然是有些以权谋私了。不过这阎伯屿是一个很老道的人，他担心会有人说他以权谋私，因此就安排他的手下装模作样地请在场的人写序，一个一个地请，人人都请到。那些人心里都有数，都知道阎伯屿是在做样子，所以一个一个地都推辞不写。后来请到王勃。王勃年轻，没有城府，也有可能真的不知道阎伯屿已经让自己的女婿把序写好了。人家叫他写，他就没有推辞。你要我写，那我就试试。

王勃答应写序，没有推辞，这下阎都督就很不高兴了，当时就拉下脸来，拂袖而去。但是去了又不甘心，让手下人盯着，看王勃如何下笔。他自己就坐在隔壁的一间屋子里听汇报。于是，这个手下人就来来回回地通风报信。

第一次汇报说：王勃写下了"豫章故郡，洪都新府"。阎都督听到后，很不以为然地说："这算什么？也不过是老生常谈嘛！"

为什么说是老生常谈呢？因为南昌在汉代是豫章郡的郡治所在地，在唐代是洪州都督府的府治所在地，本来就是"豫章故郡，洪都新府"。这是常识，在当时谁不知道啊？由于这两句只是写历史沿革，没有什么新颖独到之处，所以阎公说他是老生常谈。

第二次汇报说：王勃写下了"星分翼轸，地接衡庐"。阎伯屿听到这两句,一下子就沉默不语了。

为什么沉默不语了呢?因为这两句涉及分野了,涉及专门学问了,而且写得还很有气势,这就不是老生常谈了,所以阎公就沉默不语了。

第三次汇报说:王勃写下了"落霞与孤鹜齐飞,秋水共长天一色"。阎公听到这两句,可以说是震撼了!厉害了我的哥,多好的句子啊!居然写出了这么好的句子!阎公激动地站来,高声说道:"此人名不虚传,真的是个天才!他这篇序,一定会名垂千古!"说完,就从那间屋子里出来,回到现场,看着王勃写完。等王勃写完,就立刻请他到宴会厅,尽情尽兴,开怀畅饮!①

这就是关于《滕王阁序》的一段佳话。

这段佳话最早出自王定保的《唐摭言》这本书,后来又被《新唐书》等官修史书和《唐才子传》等权威著作转述,因此传播得非常广。王定保是什么时候的人呢?晚唐五代人。离王勃的时代不算远。更重要的是,王定保是南昌人,他的这个记载应该是来自南昌地方文献,或者是南昌当地人的口述。因此我认为,他的这个记载应该是可信的。

穷且益坚,不坠青云之志

作为重阳节"登高作赋"的一篇经典之作,《滕王阁序》究竟写了

---

① 王定保《唐摭言》,转引自傅璇琮主编:《唐才子传校笺》,中华书局1987年版,第29—30页。

些什么呢？或者说，它的主要成就体现在哪些方面呢？

过去的读者都很欣赏它的写景。一提起《滕王阁序》，就讲"落霞与孤鹜齐飞，秋水共长天一色"这两句。我认为，《滕王阁序》的写景确实很精彩，但是这个作品的成就并不仅仅在写景，而是通过写景表达了作者的丰富而深沉的思想情感。

让我们一起来欣赏一下下面这段写景文字：

云销雨霁，彩彻区明。落霞与孤鹜齐飞，秋水共长天一色。渔舟唱晚，响穷彭蠡之滨；雁阵惊寒，声断衡阳之浦。

"彭蠡"，就是鄱阳湖，鄱阳湖古称彭蠡湖。这一段文字确实非常生动地写出了鄱阳湖的景色，而且是秋天的景色，傍晚的景色，既有地域特点，又有时令特点。也就是说，这一段写景文字不仅生动，富有文采，更富有个性。这样的写景文字确实是不可多见的。但是，这一段文字并不仅仅是写景，它包含了很丰富、很深沉的内容。

请大家注意这几个景物：秋水、落霞、孤鹜、雁阵、渔舟。"秋水"，这是秋天的景物，秋天意味着一年的好时光即将过去；"落霞"，这是傍晚的景物，傍晚意味着一天的好时光即将过去；"孤鹜"，是指单飞的野鸭，也就是失群的野鸭；"雁阵"，是指成群的大雁。野鸭在飞，大雁也在飞，意味着鸟类在寻找归宿；"渔舟唱晚"，意味着渔民在寻找归宿。

在秋天的鄱阳湖的傍晚，无论是野鸭、大雁，还是渔民，都在寻找归宿、都在寻找他们的家。可是，作者自己的家又在哪里呢？这就触发了他的乡愁，让他想到了自己的处境和命运：

关山难越，谁悲失路之人？萍水相逢，尽是他乡之客。

谁是"失路之人"？当然是指他，还有因他而受连累的父亲。

作者两次遭受打击陷害，先是被赶出王府，后来被除名。尤其是第二次，还连累了自己的父亲。所以他说自己是一个"失路之人"，一个在仕途上很失落、很失败、很迷茫的人。如今来到异地他乡，虽然遇到这么多的社会文化名流，大家济济一堂，可是他们并不了解自己，毕竟是萍水相逢嘛。他们哪里知道我的委屈，哪里知道我的悲伤？

所以说，《滕王阁序》的写景文字不是单纯地写景，它是通过写景写出了作者的失意、作者的乡愁、作者的人生感慨。这种失意、这种乡愁、这种感慨，是很能引起人们的同情的。

难能可贵的是，作者虽然有浓重的失意、乡愁和人生感慨，但是并没有因此而消极起来。他在后文写道：

老当益壮，宁移白首之心？穷且益坚，不坠青云之志。

许多前辈虽然老了，尚且老当益壮，所谓"老骥伏枥，志在千里；烈士暮年，壮心不已"：我还这么年轻，我怎么能够因为遭受一些打击，就消沉下去呢？我虽然处在坎坷之中，但是并非穷途末路。因此，我要更加坚强，更加坚定，我不能放弃自己的理想和追求，我不能坠落了"青云之志"。

这样写就很阳光了。这样写既符合人们对于一个受到挫折的青年诗人的期待，也符合初唐这个时代的特征。初唐是一个积极向上的时代。因为积极向上，所以才有后来的盛唐，才有开元、天宝盛世。王勃的这个作品虽然有乡愁、有悲伤，但是从整体上看，还是一个积极向上的作品。

《滕王阁序》这篇传世名作，是天才作家王勃在重阳节这一天，在南昌滕王阁上写成的。重阳节是我国的传统节日。古代的文人、学士在重阳节这一天，有一项很重要、很风雅的活动内容，这就是"登高作赋"。

所谓"登高作赋",就是文人学士们登上高楼,或是山顶,或者抒情言志,或者思乡怀人。就抒情言志来讲,又包括两种类型:一是表达用世之志,一是书写怀古伤今之感。王勃的《滕王阁序》所表达的,就是一种用世之志,而杜甫的《滕王亭子》所表达的,则是一种怀古伤今之感。

可能有朋友会问,你说杜甫写有《滕王亭子》,难道杜甫也来过滕王阁吗?杜甫究竟有没有来过滕王阁?他来过的滕王阁究竟是哪一个滕王阁?请看下文。

伤今怀古话滕王

在上文中,我提到一个问题,就是杜甫有没有来过滕王阁?

可能有人会说,只知道王勃来过滕王阁,没听说杜甫也来过滕王阁。我的回答是,杜甫确实来过滕王阁。不过这个滕王阁不是江西南昌的滕王阁,而是四川阆中的滕王阁。

在历史上,曾经有过三个滕王阁,一个在山东滕州,一个在江西南昌,一个在四川阆中。这三个滕王阁,最初都是同一个人建的。这个人就是滕王李元婴。那么,滕王李元婴是个什么样的人呢?他为什么要建三个滕王阁呢?

滕王三建滕王阁

滕王李元婴是唐高祖李渊的第二十二个儿子,也是李渊最小的儿子。唐太宗贞观十三年(公元639年),李元婴被封于滕县,称滕王。滕县,就是今天的山东滕州。这个地方原是周武王的弟弟滕叔绣的封地,叫滕国。它的中心位置就是今山东滕州市西南七公里的古滕城。这个滕国出过两个很有名的滕文公,一个是春秋时的滕文公,一个是战国时的滕文公。后一个滕文公曾经向孟子请教治国安民的问题。在《孟子》一书里，有《滕文公章句上》和《滕文公章句下》这两章。只要是读过《孟子》的人，没有不知道这个滕文公的。

那么，滕王李元婴是个什么样的人呢？可以说，是一个颇有争议的人。

李元婴于唐太宗贞观十三年（公元639年）受封为滕王，于贞观十五年实封八百户，授金州刺史。金州在哪里呢？在今天的陕西安康。据《旧唐书》和《新唐书》等官修史书记载，滕王在金州的表现是不怎么好的。他的主要问题就是骄奢放纵、不守规矩。为此，他的侄儿（也就是唐太宗李世民的儿子、高宗皇帝李治）曾经给他写过一封信，对他加以诫勉。唐高宗在信中说："你在金州，骄奢放纵，不守规矩，本来是要处罚你的。朕念你是骨肉至亲，暂且不处罚你。'人之有过，贵在能改。'希望你能悔悟。"①

那么，滕王在滕州的表现如何呢？史书上没有记载，唐高宗在他的那封信里也没有提到，我们不宜主观猜测。但是有一点是可以肯定的，就是他在滕州时修建了一个滕王阁。

这就是历史上的第一个滕王阁：滕州滕王阁。

不过，由于缺乏文献记载，也缺乏相应的考古发现，这个滕王阁的规模如何，特点如何？我们就不得而知了。

唐高宗永徽三年（公元652年），滕王李元婴转任洪州都督。洪州府的府治在南昌（今江西南昌）。据《旧唐书》和《新唐书》等官修史书记载，滕王在南昌，仍然表现不好，仍然我行我素。于是高宗皇帝就动真格了。怎么动真格呢？一是撤掉他的洪州都督的职务，贬官滁州；二是把他的随从人员减半；三是把他的邑户减半。所谓邑户，就是封邑上的户口。亲王

---

① 刘昫等撰：《旧唐书·滕王元婴传》，中华书局1975年版，第2436—2437页；欧阳修、宋祁撰：《新唐书·滕王元婴传》，中华书局1975年版，第3560页。

是有等级的，封邑也有大小。有的亲王封万户，有的封千户，有的封八百户。户口越多，税赋越多，财富越多。滕王在唐太宗贞观十五年，实封八百户，在贞观二十三年，加封千户。这一次，在高宗皇帝的手上，就给他减半了，减为五百户。这当然是一种处罚。①

但是，如果你说滕王在南昌没有做一件好事，这也不符合事实。为什么这样说呢？一个明摆着的事实，就是他在南昌，在赣江边上，又修建了一个滕王阁。

这是历史上的第二个滕王阁——江西滕王阁。

这个滕王阁就在今南昌市章江门和广润门之间的滕王阁小学附近。

我们今天已经看不到唐代滕王阁的图样了，但是宋代滕王阁的图样可以供我们参考。因为宋代滕王阁就是按照唐代滕王阁的规模和特点重建的。

宋代南昌滕王阁

除了这张图，还有初唐诗人王勃的《滕王阁》诗、《滕王阁序》，以及唐代其他作家的诗文作品可以供我们参考。通过这些诗文，我们得知，

---

① 刘昫等撰：《旧唐书·滕王元婴传》，中华书局1975年版，第2436—2437页；欧阳修、宋祁撰：《新唐书·滕王元婴传》，中华书局1975年版，第3560页。

唐代的滕王阁面对西山，下临赣江；不仅高大壮观，而且金碧辉煌；既有画栋雕梁，又有珠帘绣户。在滕王阁内，则经常有歌舞表演，而出入滕王阁的人，则多是贵族、官僚与文人学士。

滕王当年由洪州都督贬官滁州，多年之后才复职，任寿州刺史。高宗调露年间（679—680），他由寿州刺史调任隆州刺史。隆州后来改名为阆州，就是今天的四川阆中。

据《旧唐书》和《新唐书》等官修史书记载，滕王在隆州还是表现不好，还是我行我素。于是，他再一次受到处罚。这一次的处罚虽然不重，但可以说是别出心裁的。有一次，高宗皇帝赏赐诸王，每个亲王都得到了五百匹彩绸，但滕王李元婴得到的是什么呢？一车麻。高宗皇帝说："滕王不缺彩绸，也不缺钱，我给你一车麻。你不是有很多钱吗？这一车麻可以做成好多麻绳，给你穿钱。"这种处罚，可以说是一种羞辱。

那么，滕王李元婴在隆州，究竟有没有做一点有意义的事呢？应该说，还是做了。这就是在城北，也就是在嘉陵江畔的玉台山上建了一个玉台观，又在玉台观里建了一个亭子，取名为"滕王亭"。这个"滕王亭"，在清代道光、咸丰以后，称为"滕王阁"。

这就是历史上的第三个滕王阁——阆中滕王阁。

阆中滕王阁

滕王蛱蝶江都马

这里有一个问题值得我们注意。滕王究竟是一个什么样的人呢？他为什么要三建滕王阁呢？

我刚才讲了，根据《旧唐书》《新唐书》等官修史书的记载，滕王是一个纨绔子弟，声色犬马，骄奢放纵，可谓乏善可陈。但是根据唐代著名画家张怀瓘的《画断》、张彦远的《历代名画记》、宋代的《宣和画谱》等权威性的绘画著作的记载，滕王则是一个著名的画家。例如《画断》称滕王李元婴"工于蛱蝶"。蛱蝶，就是蝴蝶的一种。《历代名画记》称滕王李元婴"善画"。《宣和画谱》甚至说他"工书画，妙音律，喜蝴蝶"。也就是说，滕王李元婴不仅擅长绘画，而且妙于音律，工于书法，是一位艺术全才。

滕王在绘画方面的代表作有《滕王蛱蝶图》。

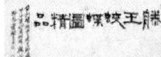

滕王蛱蝶图

宋代著名诗人陈师道有一首《题明发高轩过图》，开头两句就是：

滕王蛱蝶江都马，一纸千金不当价。

所谓"江都马"，是指唐太宗的侄儿李绪，封江都王，擅长画马，人称"江都马"。陈师道说，滕王李元婴画的蛱蝶与江都王李绪画的马，哪怕是一纸千金，都还算低估了，不当其值。由此可见，滕王在画坛的地位是很高的。有人甚至称滕王为"滕派蝶画"的鼻祖。阆中人在阆中滕王阁的左边，还专门建有一个"蝶梦堂"，用来纪念这位"滕派蝶画"的鼻祖。

蝶梦堂

滕王是一位杰出的艺术家，这一点是可以肯定的。问题是，杰出的艺术家就可以声色犬马、骄奢放纵吗？

有人认为，滕王声色犬马，骄奢放纵，是他在皇位争夺战中采取的一种"韬晦之计"，目的在于使人们相信，他对皇位不感兴趣，是一个在政治上没有出息的人，从而躲过了李世民、李治父子对他的关注和戒备，成功地保全了自己。

我认为，这个说法是有一定道理的。滕王一生历经了高祖李渊、太宗李世民、高宗李治和女皇武则天四个皇帝。在这期间，皇位的争夺战是非常激烈的，先有李世民和李建成、李元吉之间的争夺，后来又有武则天和她的两个儿子李显、李旦之间的争夺。但是在多场激烈的皇位争夺战中，滕王都是安然无恙的。我还可以补充两个事实。

一是滕王虽然我行我素，屡教不改，也一再受到朝廷的处罚，但是这些处罚都不是致命的打击。在唐高宗去世、武则天当政之后，滕王不但没有倒台，反倒升官了：加开府仪同三司，兼梁州都督。武则天光宅元年（公元684年），滕王去世，又封赠司徒、冀州都督，陪葬献陵（高祖李渊的陵墓）。

二是在李渊的二十二个儿子当中，做过隆州刺史的并非滕王李元婴一人。在他之前，还有鲁王灵夔。据明朝嘉靖年间编纂的《四川总志》记载，这个鲁王在隆州刺史任内表现很好，所谓"务行宽大，民甚怀之"。但是在滕王死后，鲁王与越王谋划，企图推翻武则天，结果被武则天所害。

这两个事实说明了什么呢？说明滕王李元婴虽然骄奢放纵、不守规矩，但是他并没有对皇权构成威胁。也正是由于这一点，他才得到善终。

当我们明白了滕王的艺术家身份，以及他所处的那个非常复杂而险恶的宫廷斗争环境之后，那么对于滕王三建滕王阁，就有一个合理的解释了。他为什么要三建滕王阁？原因有二：

第一，是出于艺术的需要。我们可以从滕王阁的特点来看。滕王阁至少有这样几个共同特点：一是适宜观景。滕王是一位画家，画家需要观景。滕王三建滕王阁，首先是为了选择一个最佳的位置观景。滕王阁与黄鹤楼、岳阳楼不一样，黄鹤楼、岳阳楼最初都是一个军事瞭望楼，后来才逐渐成为一个观景楼，滕王阁从一开始就是一个观景楼。滕州滕王阁的具体位置，我们不得而知。但是南昌滕王阁与阆中滕王阁的地理位置都是非常好的，一个建在赣江边上，一个建在嘉陵江边上。这样的地理位置就非常适宜于观景。二是适宜创作。滕王阁周围的自然山水都很好，都很有特色，很容易激发艺术家的创作灵感。既适宜于现场作画，也适宜于现场作书、现场作诗、现场作文。三是适宜收藏和展示艺术品。

滕王阁既高且大，内部装修都很精致，是一个很好的艺术博物馆。四是适宜于音乐和歌舞表演。无论是王勃的《滕王阁》与《滕王阁序》，还是杜甫的《滕王亭子》，都写到当年的滕王阁曾经有非常精彩的歌舞表演。这四个特点使得滕王阁成为一个非常好的艺术平台，而滕王和他的那些艺术家朋友，都需要这样一个艺术平台。因此，滕王为官到哪里，只要条件许可，他就把滕王阁建到哪里。在他看来，滕王阁是他安顿灵魂的一个所在，是他发挥才情的一个所在，也是他创造的一个品牌。由此我们也可以看出他的性格，就是我行我素，做自己喜欢做的事，不在乎别人说什么。

第二，是出于自我保全的需要。滕王通过三建滕王阁，通过在滕王阁上绘画、写字、欣赏音乐歌舞来施行他的"韬晦之计"。他要让朝野都相信，他就是一个大玩家，一个在政治上没有出息的人，一个大错不犯、小错不断的人，从而远离皇位之争，达到自我保全的目的。事实证明，他的目的完全达到了。由此看来，滕王还是一个很聪明的人。

滕王一生从华东、华中到华西，从青年、中年到老年，一共建了三个滕王阁。这三个滕王阁的命运又如何呢？

山东滕州的那个滕王阁在滕王离开滕州之后，就因为风雨雷电的侵蚀，慢慢地破损、毁掉了。毁掉之后，似乎就没有重建过。为什么没有重建呢？据我的推测，可能是在滕州的那个滕王阁上没有留下传世的文学艺术作品，因此就没有必要重建。

南昌的那个滕王阁在宋、元、明、清各代，曾经屡毁屡建。据文献记载，自唐高宗永徽四年（公元653年）南昌滕王阁初建之后，到公元1989年至1336年之间，一共重建了二十八次，平均四十八年建一次。

南昌滕王阁之所以屡毁屡建，是因为初唐著名诗人王勃在那里留下了一篇传世佳作《滕王阁序》。由于这一篇佳作，使得南昌滕王阁名满天下，成为南昌的一个文化地标。人们到了南昌，就要问滕王阁，就要登滕王阁。这就使得南昌滕王阁无论由于什么样的原因被损毁，都得重建。

阆中的滕王亭在宋、元、明、清各代，也曾经屡毁屡建。自清代道光、咸丰以后，阆中的这个滕王亭就称作滕王阁了。阆中的滕王亭之所以屡毁屡建，是因为诗圣杜甫曾经登过这个滕王亭，并且留下了两首传世佳作，诗名就叫《滕王亭子》。

杜甫心中的滕王

我在讲岳阳楼的时候讲过，"安史之乱"爆发之后，杜甫由中原流离到巴蜀，在巴蜀待了八年。在这八年当中，杜甫曾经两次来到滕王工作过的阆中，登上了滕王兴建的滕王亭，一连写下了两首《滕王亭子》。

杜甫与滕王虽然不是同一代人，但是离滕王的时代毕竟不算远。关于滕王生前的故事或传说，他应该是不陌生的。那么，在杜甫的心中，滕王又是个什么样的人呢？请看作品：

> 君王台榭枕巴山，万丈丹梯尚可攀。
> 春日莺啼修竹里，仙家犬吠白云间。
> 清江锦石伤心丽，嫩蕊浓花满目斑。
> 人到于今歌出牧，来游此地不知还。
> ——《滕王亭子（其一）》[①]

[①] 杜甫著、仇兆鳌注：《杜少陵集详注》（下册），北京图书馆出版社1999年版，第687页。

这是一首很有名的诗。为什么很有名呢？原因有二：

一是很独特地描写了阆中的自然山水。阆中素来被称为风水宝地，四面环山，三面环水，它的景色是非常美丽的。

阆中山水

请看这一句诗：

清江锦石伤心丽

"清江"就是指嘉陵江。"伤心丽"是什么意思？有两种解释：第一种解释说，杜甫远离中原故土，看到美丽的嘉陵江，以及江中的彩色石，就感到伤心。第二种解释是说，"伤心丽"，就是非常丽的意思。

我赞同第二种解释。"伤心"，在这里是一个程度副词。在西南方言中，普遍有这种用法。例如李白有一首《菩萨蛮》词，其中有一句："寒山一带伤心碧"，"伤心碧"就是非常碧。李白在四川生活了二十年，杜甫在四川生活了八年，他们都熟悉西南方言。曾经有人怀疑《菩萨蛮》这首词不是李白写的，如果不是李白写的，那又是谁写的呢？我认为，至少是一个熟悉西南方言的人写的。我问过阆中本地的一位学者，他说"伤心丽"，就是"好看得要命"。阆中人说一件商品很贵，就说"贵得伤心""贵得要命"。杜甫用"伤心丽"来形容阆中境内嘉陵江的彩色石，这就给人们留下了非常深刻的印象。

这首诗之所以很有名的第二个原因，是其中包含了对滕王李元婴的评价。这是很令人关注的一个问题。请大家再看这两句：

> 人到于今歌出牧，来游此地不知还。

"牧"，就是州牧；"出牧"，就是指李元婴出任隆州刺史，也就是出任阆州的最高行政长官。关于这两句也有两种不同的解释。第一种解释以明代的著名学者杨慎为代表。杨慎认为，这两句是在歌颂滕王李元婴。杨慎还说，李元婴骄奢放纵，所过为害，有什么好歌颂的？第二种解释以清代的著名学者仇兆鳌为代表。仇兆鳌认为，这两句是在讽刺滕王李元婴。[1]

我认为，这两句诗既不是在歌颂李元婴，也不是在讽刺李元婴，而是别有深意。什么深意呢？就是怀古伤今。所谓"怀古伤今"，就是追念过去，感伤今天。为什么说这两句是"怀古伤今"呢？我们不妨联系《滕王亭子》第二首来看。因为《滕王亭子》原本就是两首诗，不可孤立地看。

> 寂寞春山路，君王不复行。古墙犹竹色，虚阁自松声。
> 鸟雀荒村暮，云霞过客情。尚思歌吹入，千骑拥霓旌。
> ——《滕王亭子（其二）》[2]

通过这首诗，我们不难发现，在杜甫登上这个滕王亭的时候，滕王亭其实是很荒凉的。诗人眼前所看到的，只有"寂寞"的"山路"，荒废的村庄，竹色（深绿色）的"古墙"，虚无一人的楼阁；耳边所听到的，只有自言自语的松涛，还有自言自语的鸟雀。楼上楼下再无别的人，只

---

[1][2] 杜甫著、仇兆鳌注：《杜少陵集详注》（下册），北京图书馆出版社1999年版，第688页。

有诗人自己，更不见滕王的影子。只是看到天上飘着的云霞，令他想起滕王当年扬着彩旗、前呼后拥登楼的场面；听着荒村里的鸟声，令他想到当年滕王亭上响彻云霄的歌声和鼓乐声罢了。

因此，上面那一首诗的结尾两句"人到于今歌出牧，来游此地不知还"就不难理解了。所谓"人到于今歌出牧"，不是笼统地歌颂滕王的为官，而是肯定他的建亭；所谓"来游此地不知还"，不是指当下的情景，而是指当年的情景。正是因为滕王建了这样一个滕王亭，使人们可以饱览阆中的自然山水，可以得到非同一般的审美享受，所以人们到了此地，就乐而忘返。

但是，这种乐而忘返，只是当年的情景，并非当下的情景。当下是个什么情景呢？当下的滕王亭是荒凉的，落寞的。诗人正是由当下的滕王亭的荒凉、落寞，想到了滕王，以及滕王所处的那个没有战乱、天下太平的时代。

杜甫来到巴蜀，就是因为中原遭遇战乱。但是巴蜀也不安宁。就在杜甫登上滕王亭的这段日子，吐蕃人正在入侵蜀地，并且占领了松州和维州，形势已经很危急了，阆中人大多逃走了。

可以说，正是因为这两首诗包含一种浓厚的伤今怀古之感，一种浓厚的沧桑之感，所以才深深地感动了无数的读者和游客。

同样是登高作赋，同样是抒情言志，杜甫的《滕王亭子》所抒发的是这种伤今怀古之感，与王勃的《滕王阁序》所抒发的那种用世之志，可谓各有千秋。

【关于滕王阁的问答】

一、滕王阁与黄鹤楼、岳阳楼并称为"江南三大名楼",为什么其他楼都以"楼"命名,而滕王阁以"阁"命名?

什么是楼?《说文解字》解释说:"楼,重屋也。"重屋,就是指两层以上的建筑。什么是阁?《玉篇》解释说,"阁,楼也。"阁也是楼。但是阁有一层的,可以不是重屋,而楼是重屋,一般是两层或两层以上。

如果都是两层以上的建筑,如何区别它们哪个是阁,哪个是楼呢?很简单,首层架空为阁,首层不架空为楼。滕王阁的首层是架空的,所以叫阁。

不过在今天也有例外,阆中的滕王阁首层是不架空的。我曾经就这个问题问过阆中本地的学者,为什么重修的滕王阁首层没有架空?他回答说,这是长官意志的产物。长官意志是很厉害的,他可以完全不听专家的意见,全由他一个人决定。

二、登阆中滕王阁看到的风景与登南昌滕王阁看到的风景有什么不同?

在南昌滕王阁上,可以看到赣江,看到鄱阳湖,看到南昌这个城市的全貌;在阆中滕王阁上,则可以看到嘉陵江,看到阆中古城。阆中古城,山青水秀,古迹众多,历来被称为风水宝地。杜甫的《阆水歌》中有这样两句:"阆中胜事可断肠,阆州城南天下稀。"胜事,就是美好的事情。断肠,在这里就是讲阆中美得令人销魂。

三、滕王李元婴三次建阁的真正目的究竟是什么呢?

滕王李元婴是一位杰出的画家,宋代诗人陈师道有两句诗:"滕王蛱蛱江都马，一纸千金不当价。"（《题明发高轩过图》）蛱蝶，就是蝴蝶的一种，滕王被称为"滕派蝶画"的鼻祖。江都马，是指江都王李绪画的马。滕王不仅善于画蝶，还精通音律，擅长书法。可以说，他是一位艺术全才。

　　滕王李元婴一生三建滕王阁，主要有两个原因：一是为了艺术的需要，滕王阁上既可以观景，又可以创作，还可以收藏和展示艺术品；二是为了逃避皇位之争，为了保全自己。滕王李元婴是高祖李渊最小的儿子，他一生经历的皇位之争很多，最惨烈的有李世民和李建成之争，武则天和她的几个儿子之争，但滕王一直是安然无恙的，没有因皇位之争而受到伤害。他的保全之术就是给人一个"大玩家"的印象，一个在政治上没有出息的感觉。

浔阳楼

【琵琶行】 白居易

浔阳江头夜送客,枫叶荻花秋瑟瑟。
主人下马客在船,举酒欲饮无管弦。
醉不成欢惨将别,别时茫茫江浸月。
忽闻水上琵琶声,主人忘归客不发。
寻声暗问弹者谁?琵琶声停欲语迟。
移船相近邀相见,添酒回灯重开宴。

浔阳江头夜送客

万里长江流经江西九江的这一段,叫浔阳江。浔阳江边有一座中华名楼,叫浔阳楼。

浔阳楼

浔阳楼位于九江市长江南岸滨江路,仿宋结构,明三暗四,也就是外观三层,内部实际上是四层。楼高21米,面阔五间,四周有回廊栏杆。

浔阳楼之所以闻名中华,与一个传说、一首诗和一部小说有重要关系。一个传说就是苏轼题写浔阳楼的传说,一首诗就是白居易的《琵琶行》,一部小说就是《水浒传》。一千多年来,许多人一提到浔阳楼,马上就会联想到苏轼题写浔阳楼这个传说,就会联想到"浔阳江头夜送客"这句诗,就会联想到"宋江题诗浔阳楼"这个故事。

可是,大家有没有意识到,人们关于浔阳楼的这些联想其实包含着误会?换句话说,浔阳楼之所以会有这么大的名气,在很大程度上,是由误会造成的?

误会成全浔阳楼,这是本文的主题。

苏轼题写浔阳楼

关于浔阳楼的得名,一直有这样一个传说。相传北宋元丰年间(1078—1085年),大文学家和大书法家苏轼(号东坡)游览庐山,路过江州时,到浔阳酒楼饮酒。酒家趁他兴致很高,就请他题写招牌。苏轼欣然应允,当即在酒桌上挥笔写下"浔阳酒楼"四个大字。没想到旁边有个人一不小心碰翻了桌上的酒杯,洇了这个"酒"字(也就是酒水渗透到纸上,把这个"酒"字搞坏了,搞得模糊不清了)。怎么办呢?酒家也不好意思请苏轼重写,只好把"浔阳楼"这三个字拿去刻匾,悬挂在楼上。于是,"浔阳酒楼"就成了"浔阳楼"。

这就是传说中的浔阳楼的得名经过,而且这个传说的影响还很大,不仅九江的地方文献这样讲,就连文学名著《水浒传》也这样讲。《水浒传》第三十九回就写到宋江一个人从江州牢城营里出来,在浔阳江边慢慢走,不经意之间看到一座酒楼,上边有苏东坡题写的"浔阳楼"三个大字,于是就慕名上楼,喝了几杯酒,题了两首诗,惹下一个大麻烦。

问题是,这个传说是否可信呢?我查了一下孔凡礼先生编撰的《苏轼年谱》,这也是学术界公认的一部比较详尽的《苏轼年谱》。据这部年谱记载,苏轼在元丰七年(公元1084年)四月下旬,确实上过庐山,确实到过江州,也确实应邀题过字,但是他所题的只有两处:一是亭子山(在瑞昌),一是圆通寺(在庐山),并没有给浔阳楼题过字。[①]因此,苏轼题写"浔阳楼"的故事,也就只是一个传说。

可是,一千多年来,许多人都相信这个传说,都在传播这个传说,这算不算是一个误会呢?当然算。人们由苏轼在江州题写亭子山和圆通寺,误会到他在江州题写浔阳楼。

那么,真实的浔阳楼又是怎么一回事呢?

我前些时专门去过一次浔阳楼,拜访了九江当地的文史学者。据九江学者考证,浔阳楼始建于唐代,原是江州州治浔阳城的一座城门楼,在北门,临江,也就是一座北城门楼,而且很有可能是当时浔阳城唯一的一座城门楼。我认为,九江学者的这个推测是有道理的。如果那个时候的浔阳城还有别的城门楼,那么这座城门楼就不能独享"浔阳楼"这个名号了。

据有关资料记载,最早称这座城门楼为"浔阳楼"的人,是唐代著名的山水田园诗人韦应物。唐德宗贞元元年(公元785年),韦应物由滁州刺史转任江州刺史。他一到江州就登上了浔阳楼,还写了一首《登郡寄京师诸季淮南子弟》,这首诗的开头两句就是:

始罢永阳守,复卧浔阳楼。[②]

---

① 孔凡礼:《苏轼年谱》(中),中华书局1998年版,第616—619页。
② 韦应物:《登郡寄京师诸季淮南子弟》,《全唐诗》卷一八八,中华书局1960年版,第1924页。

所谓"永阳",就是永阳郡,后来改名为滁州。韦应物做过滁州刺史,这里的"永阳守"就是指滁州刺史。这两句诗的意思是说:我刚刚离开永阳就到了浔阳,因此我有机会登上浔阳楼。

可见浔阳楼的得名并不是由于苏轼的题名,而是由于韦应物的这首诗。

在韦应物登上浔阳楼30年之后,著名诗人白居易也登上了浔阳楼,他也写了一首诗,诗名就叫《题浔阳楼》。白诗的影响比韦诗的影响还要大,因此浔阳楼这个名字就逐渐传开了。

谪居卧病浔阳城

韦应物来浔阳,是由滁州刺史转任江州刺史;白居易来浔阳,则是由太子赞善大夫贬为江州司马。《琵琶行》中有这样两句:

> 我从去年辞帝京,谪居卧病浔阳城。[①]

可见白居易来浔阳,与韦应物来浔阳的性质是完全不一样的。一个是平调,一个是贬谪。

那么,白居易是因为什么事情贬谪浔阳的呢?这其中也有误会,而且是一个很大的误会。

据《旧唐书·白居易传》记载,白居易贬谪江州浔阳的原因有两个:

[①] 白居易《琵琶引并序》,《全唐诗》卷四三五,中华书局1960年版,第4821—4822页。按:本书所引白居易《琵琶引并序》,均出自该版本,不再一一注明。

一是所谓"越职言事",二是所谓"甚伤名教"。①

在白居易那个年代,唐王朝所面临的最为严峻的问题,就是藩镇割据,也就是不少地方军阀不服从中央节制,闹分裂,搞独立王国。平卢淄青节度使李师道就是其中的一个代表,而宰相武元衡则是一位反对地方割据、反对分裂、维护国家统一的人,因此遭到李师道等人的忌恨。唐宪宗元和十年七月,李师道派刺客到长安,刺杀了宰相武元衡。这个事件发生后,朝野非常震惊,皇帝为之"哀恸"。②白居易这时任太子赞善大夫,所谓太子赞善大夫,就是东宫的官,太子府的官,也就是所谓"宫官"。白居易认为,刺客刺杀宰相,这是公然向朝廷挑战,实在有伤国体,于是第一个上疏,要求紧急抓捕刺客,以雪国耻。应该说,白居易是对的。用今天的话来讲,这叫"政治正确"。白居易的奏疏递上去之后,却招致时任宰相韦贯之的反感。他说:"你白居易只是个宫官,不是谏官。谏官还没说话呢,你倒先说话了。你这不是'越职言事'吗?"

韦贯之这个人,为人并不坏,但是有时也难免有些迂腐、死板。他说白居易作为一个宫官而先于谏官言事,其实只是个程序问题。所谓谏官,就是言官,专门言事的官。事实上,在中央政府的权威受到严峻挑战,国家面临分裂危险的时候,任何一个正直的官员,无论谏官还是宫官,都可以而且应该勇敢地站出来发表意见,伸张正义。因此,白居易作为一个宫官而先于谏官言事,即便犯了程序上的错误,也是可以体谅的。

正是由于宰相韦贯之对白居易的所谓"越职言事"表示反感,平日里那些对白居易心怀不满的人,这个时候就跳出来造谣中伤了。

白居易是一个很正直的、敢说敢写的人,他写了很多反映民生疾苦、

---

① 刘昫等撰《旧唐书·白居易传》,中华书局1975年版,第4340—4358页。
② 刘昫等撰《旧唐书·武元衡传》,中华书局1975年版,第4159—4162页。

揭露社会弊端的讽谕诗,目的在于引起皇帝的注意,以便加以纠正。这些诗就是在唐代诗坛很有影响的新乐府诗,其中就有《买花》《新井》等。

这些揭露社会问题的讽谕诗,得到了广大民众和许多正直官员的认可,也得到了皇帝的肯定,但是却得罪了那些既得利益者。他们恨白居易。用白居易的话来讲,他们恨得"变色",恨得"扼腕",恨得"切齿",但是他们没有机会对白居易进行打击报复。然而这一次,机会来了。因为当朝宰相反感白居易了,于是他们就出来造谣、诽谤。他们说,白居易的母亲是因为看花堕井而死的,而白居易居然不避讳,还写什么《赏花》《新井》诗,这岂不是"甚伤名教"吗?所谓"名教",说得通俗一点,就是礼教。他们说,这样的人,怎么能够在朝为官呢?

他们说的《赏花》诗,其实就是我刚才提到的《买花》这首诗;而《新井》这首诗,白居易确实写过,但是在现存的白居易诗集里已经找不到了。不过有一点是可以肯定的,白居易的这两首诗都写在他母亲坠井而死之前,不是之后。

那么,白居易的母亲看花坠井而死,又是怎么回事呢?

据唐人高彦休的《阙史》一书记载,白居易的母亲犯有抑郁症。这个病是白居易的父亲在世的时候得的,所谓"因悍妒得之",就是脾气急躁,又好妒忌,因此就得了这个病。他母亲得这个病,肯定是跟他父亲有关系的。如果他父亲没有别的女人,她母亲妒忌谁呢?问题是,他父亲死后,他母亲的这个病并没有好。不仅没有好,反而更严重了。原因是,父亲一死,"家苦贫",生活困难,母亲更加焦虑不安。这样白居易和他的弟弟在家里就待不住了,只得去外地谋差事,挣钱养家。但是母亲又日夜思念出门在外的儿子,病情更加严重。有一次,白居易在宣州参加考试,他母亲病得发狂,"以苇刀自刭"(用割芦苇的刀自杀),幸亏被人发现了,没有死成。后来,白居易就遍访名医为母亲治病,但母亲的病情还是时好时坏。怎么办呢？只有请一个健壮的婢女，付给她高工资，请她小心看护。就像现在许多精神病院那样，请的护士都是男护士，健壮有力。没想到有一次，这个婢女稍有懈怠，他母亲居然跳井自杀了。①

白居易母亲跳井而死，这是事实，但是与看花无关。我们不妨想一想：一个赏花之人，心情一定愉快；而一个跳井之人，心情一定绝望。哪有赏花之人去跳井呢？这不矛盾嘛！

母亲因病坠井而死，本是人生的大不幸，而那些恨他写讽喻诗的既得利益者，却借此造谣中伤，看似维护名教，实则泯灭人性。

执政者和既得利益者给白居易罗织了两条罪名：一条是"越职言事"，一条是"甚伤名教"。于是就给皇帝上奏本，贬白居易。贬哪里呢？江州。由太子赞善大夫贬为江州刺史。但是皇帝的诏书刚下，中书舍人王涯又参了他一本，说白居易的问题很严重，怎么可以把一个州交给他来治理？于是皇帝又让人把诏书追回来，由江州刺史改为江州司马。

因此，白居易贬江州司马是遭人造谣中伤的结果，是很无辜、很委屈的。贬他的人是谁呢？当然是皇帝。只有皇帝才有这个权力，其他人再恨白居易也只能在皇帝跟前使坏。这个皇帝就是宪宗皇帝。其实这个皇帝也不坏，他在历史上被称为"中兴之主"。他本来是很欣赏白居易的，而且没过多久，他就后悔了。不到四年时间，他就把白居易由江州司马升为忠州刺史。因此，宪宗皇帝把白居易贬为江州司马，也是一个误会。

这个误会伤害了白居易，也成全了白居易。就像人们常说的"塞翁

---

① 高彦休《阙史》，引自朱金城著《白居易年谱》，上海古籍出版社1982年版，第65—66页。

失马，焉知非福"，如果白居易不来江州，怎么会遇到琵琶女呢？如果白居易不在江州遇到琵琶女，怎么会写出传诵千古的《琵琶行》呢？

谁是天涯沦落人

　　第二年秋天的一个晚上，白居易骑着一匹马到浔阳江边的一个码头来送客。这个码头就是"溢浦口"。

　　白居易下了马，到客人乘的那条船上，为客人摆酒饯行。由于两个人都很惆怅，喝酒也没有心情。这时候，听到旁边一条船上，有人在弹琵琶。声音非常动听，两个人都听入迷了，主人忘了回家，客人也忘了开船。白居易就问："是哪一位在弹琵琶，弹得这么好听呢？"这一问，琵琶声就停下来了，一个女子犹犹豫豫地回答："是我。"听她的口音，是长安口音，原来跟自己一样，也是从长安来的，于是白居易就邀请她过来坐一坐。这女子就更犹豫了，毕竟是晚上，毕竟不认识嘛。谁知这白居易还很执着，"千呼万唤"，这女子实在推辞不掉，就上了他们的船。

　　于是白居易就很高兴，添酒、加菜，重新开宴。琵琶女喝了一点酒之后，再就没有什么顾虑了，专门给他们弹了一首，比先前弹得更好，声音更美妙，所谓"大弦嘈嘈如急雨，小弦切切如丝语。嘈嘈切切错杂弹，大珠小珠落玉盘"。所有的人都感动了，不仅白居易和他的客人感动了，就连隔壁左右那些船上的人也都感动了。

　　这时白居易就问："你的琵琶怎么弹得这么好？是哪个师傅教的呀？"这一问，就触动了琵琶女的心事。她说："我本是长安女子，从小就学琵琶，十三岁就弹得很好了，在教坊里头名列第一。"这教坊，就是国家音乐机构，相当于今天的中央乐团，或者中央民族乐团。她说："我的师傅，就是京城里最有名的两位琵琶师，一位是穆师傅，一位是曹师傅。那时候，每弹完一支曲子，我的两位师傅都非常赞赏，我的那些同行姐妹则嫉妒得不得了。那些听琵琶的王孙公子，一个一个地都抢着打赏我，绫罗绸缎不计其数。我就在人们的喝彩声中，在人们的点赞声中，日复一日，年复一年地这么过，不知不觉地就老了。后来，家里也发生了变故，弟弟从军去了，一直关心我、照顾我的阿姨也死了。我走红的时代过去了，再也没有人来听我弹琵琶了。怎么办呢？这时候，有一个做茶叶生意的人说要娶我，帮我'脱籍'，我就跟着他到了浔阳。唉！商人毕竟是商人，一天到晚只懂得挣钱，把钱看得比什么都重，哪里懂得什么离别？上个月，他去浮梁县买茶，把我一个人丢在船上，到今天还没回来呢。"

没想到琵琶女这么一说，又触动了白居易的心事。他说："我跟你一样啊，也是从长安来的，同是天涯沦落人。我本是太子府的一个官员，因为得罪了上司，被贬到浔阳。我一到浔阳，人就病了。不适应这里的环境。浔阳这个地方太潮湿了，我住的房子周围都是黄芦苦竹。这个地方的文化生活也很落后，一年到头都听不到音乐。偶尔听到当地人唱几句民歌，唉！难听死了。从早到晚，只听到猿的哀鸣，还有杜鹃的啼叫。这日子怎么过呢？我只有喝酒。喝酒也没有人陪，一个人自斟自饮。今天真是幸运，听到了你的琵琶。这哪是琵琶的声音哟，简直就是天上传来的仙乐嘛！你不要急着回去，再弹一首，好吗？你再给我弹一首。我呢，也不白听你的，我给你写一首诗，写一首《琵琶行》，好不好？"

白居易这一番倾诉，又把琵琶女感动了。琵琶女想了一想，又给他弹了一首。这一首更悲伤，所有的人都深深地感动了，都流泪了。白居易流的泪最多，衣服都打湿了。正所谓："座中泣下谁最多？江州司马青衫湿"。

这就是白居易和琵琶女的故事，这个故事是很感人的，长期以来为人们所津津乐道。但是，这里有没有误会呢？我认为是有的，至少有三个误会。

第一，是白居易对琵琶女的误会。关于琵琶女的身世，白居易在序言中交代得很清楚：

> 问其人，本长安倡女。尝学琵琶于穆、曹二善才。年长色衰，委身为贾人妇。

"倡女"，就是歌妓。在古代，歌妓的社会地位是很低的。她们隶属于"娼籍"，本质上就是奴隶，没有人身自由。如果她们要嫁人，就必须得到官府的许可，也就是从"娼籍"中把她们的名字注销，这就叫"脱籍"。但"脱籍"是有条件的。如果是官妓，官府要在她们年老色衰、没有演出市场时才允许她们"脱籍"。如果是私妓，得有人拿出一大笔钱把她们赎出来。这一大笔钱就叫"身份银"。赎出来之后才能去官府"脱籍"。"脱籍"之后才能嫁人，嫁人就叫"从良"。因此在古代，歌妓从良是一件很不容易的事情。可是，在这个问题上，白居易显然判断失误。他难道不知道歌妓嫁人的困难吗？以他的学识，我想应该是知道的。只是在这个时候，他犯迷糊了，他的情感、情绪代替了理性。说什么"同是天涯沦落人"，事实上，你白居易才是沦落人呢！你从一个太子府的京官被贬到江州做一个司马，你才是沦落人，人家琵琶女怎么是沦落人？要说沦落，从前以色艺事人才是沦落；现在跳出火坑了，从良了，"翻身得解放"了，找到了歌妓们向往已久的人生归宿，怎么说是沦落呢？

第二，是琵琶女对茶商的误会。请大家注意，这位茶商娶的琵琶女并不是年轻貌美、红得发紫的琵琶女,而是年老色衰、门前冷落的琵琶女。茶商给她交"身份银",帮她"脱籍",然后把她娶回来,最后一起去浔阳做茶业生意。到了浔阳之后,茶商把她留在船上,只是让她守一守船,自己则去浮梁买茶。这有什么不对呢?

从娶琵琶女到让琵琶女守守船,说明这个茶商是一个摆脱了世俗偏见的人,是一个很厚道的人。而琵琶女居然说:"门前冷落鞍马稀,老大嫁作商人妇。商人重利轻别离,前月浮梁买茶去。"请问,"嫁作商人妇"有什么不好?何况还是"门前冷落鞍马稀"的时候,还是"老大"不小的时候。"商人重利"又有什么不对?商人如果不重利,哪有钱娶你、养你?哪有钱向国家交税?"商人重利"是事实,但是"重利"者未必"轻别离"。所谓"轻别离",就是不在乎别离。茶商自己去浮梁买茶,自己去冒风险,把你留在江州,留在船上;你还说他"重利轻别离",说他不在乎你,你这不是误会了茶商吗?

第三,是读者对白居易送客之地的误会。许多人,当你问他知不知道浔阳楼时,他脱口而出:"当然知道啊,浔阳江头夜送客嘛!"其实,浔阳江头并非浔阳楼。白居易送客的地方不是在浔阳楼,是在湓浦口。关于这个问题,白居易自己在这首诗的序言中已经说得很清楚了:

  元和十年,予左迁九江郡司马。明年秋,送客湓浦口。

白居易的《琵琶行》成为名作之后,湓浦口也跟着出名了。唐代人最早在这里建了一个琵琶亭,用来纪念白居易和他的《琵琶行》。据宋人祝穆的《方舆胜览》一书记载:

  琵琶亭,在西门之外,其下临大江。[①]

[①] 祝穆:《方舆胜览》(上),中华书局2003年版,第394页。

浔阳楼在北门，琵琶亭在西门外，可见不是一个地方。那么，这个西门外的琵琶亭具体在哪里呢？也就是说，当年的湓浦口究竟在哪里呢？据九江学者考证，这个湓浦口就是历史上的湓浦港。历史上的湓浦港是一处非常好的天然良港，这里水面开阔，可以停靠各种大小船只。遗憾的是，鸦片战争以后，英国人在九江设立租界，把这个湓浦港填平了。也就是说，白居易送客的湓浦口早已是沧海桑田了。[①]湓浦口早就不存在了，琵琶亭也几经迁移。今天我们看到的琵琶亭，是改革开放以后重建的，虽然也在浔阳江边，离浔阳楼也很近，但是离唐人最初建的琵琶亭，应该说是有些距离了。

总之，白居易送客的湓浦口与浔阳楼本来是没有联系的，但是由于人们的想象和误会，就把它们联系在了一起。

琵琶亭

------

① 吴圣林：《琵琶亭故址今何处》，吴圣林《寻真集》，2014年印刷。

宋江题诗浔阳楼

说到浔阳楼,必然要说到宋江。不过这个宋江不是历史上的宋江,而是小说中的宋江。历史上的宋江作为北宋末期的一个农民起义领袖,曾经纵横今天的山东、河北、苏北一带。然而由于历史记载很少,我们对他的事迹知之不多。但是就《宋史》和《续资治通鉴长编》等权威史书的零星记载来看,可以肯定,历史上的宋江是没有来过浔阳楼的,来过浔阳楼的是小说中的宋江。

如果小说中的宋江不来浔阳楼,来了不喝酒,喝了不写诗,写了不被黄义炳看到,就不会有梁山泊好汉劫法场,不会有五百多个江州军民死于非命,不会有更多的人被逼上梁山。一樽酒,两首诗,五百多条人命,更多的人被逼上梁山,这个事情实在是闹得太大了。出了这么大的事情,浔阳楼不想扬名天下也不行了。

但是,这里面难道就没有误会吗?宋江题写在浔阳楼上的诗真的是反诗吗?如果是反诗,他究竟要反谁?难道真的是反朝廷吗?

我们不妨来看一看,宋江的诗是如何写出来的。

不幸刺文双颊,哪堪配在江州

小说写道,宋江被刺了双颊,发配到江州。到了江州牢城营(监狱),由于使了些银子,管事的就让他在抄事房做一个抄事,也就是做些抄抄写写的事情。这样他就有些自由了,没东西抄写的时候,还可以出去走一走。

有一天,宋江经过一座酒楼,看到酒楼旁边竖着一根旗杆,旗杆上挂着一面青布做的酒旗,写着"浔阳江正库"这五个字。所谓正库,就是官营的酒库或者酒楼,在这里是指官营的酒楼。用今天的话来讲,就是国营酒楼。宋江再往楼上看,发现酒楼的雕檐外有一块牌匾,上面有苏东坡题写的"浔阳楼"三个字。再走到门口,又看到一副对联:"世间无比酒,天下有名楼"。酒旗、牌匾、对联,都很有意思。这下宋江就来了兴致。他想:我在郓城县时,就听说江州有一座浔阳楼,原来就在这里啊!我何不上楼去看一看?

于是宋江就上了浔阳楼,果然画栋雕梁,朱帘绣户。楼内有唱歌的、跳舞的、吹笛的、拉琴的,帅哥美女,好不热闹。再往楼外看,北面是浩浩荡荡的浔阳江,江面上有许多水鸟在盘旋;南面是高耸入云的庐山,山上山下一片郁郁葱葱。不远处还有一个渡口,渡口旁有一片芦苇,芦苇边上还有两只渔船,渔船上传来渔翁敲梆子的声音。

太美了!宋江连声喝彩,然后就在临江的那一面找一个位子坐下。要了一壶当地的名酒——"蓝桥风月",还有鸡、鸭、羊肉,还有两个蔬菜、一盘水果。酒很好,菜很精致、很有特色,餐具也很洁净、漂亮。

宋江感叹："端的是好个江州！我虽是一名罪犯发配到此，一路上也看了一些真山真水，在我的老家，也有几座名胜古迹，但是这一切都不如江州这鱼米之乡的风景。"

这样一边看风景，一边自斟自饮，不知不觉就有几分醉意了。突然间，一件心事涌上心头：我生在山东，长在郓城，学吏出身，结识了多少江湖好汉，但是到头来也只是落得一个虚名。如今已是三十多岁的人了，已过而立之年了，名又不成，功又不就，反被"文"了双颊（脸上刺了金印），发配到这里。我家中老父和兄弟，何时才能相见？想到这里，不禁潸然泪下。所谓触景生情，感慨平生。这时候，不仅酒劲上来了，诗情也在涌动。

"酒保，拿笔砚来！"要写诗了。宋江走到酒楼的白粉壁跟前，发现上面已经有不少人的题诗。宋江心想：我何不写在这里？如果将来有一天发达了，经过江州时，再上来看一看，也好回忆一下今日之苦。

　　自幼曾攻经史，长成亦有权谋。恰如猛虎卧荒丘，潜伏爪牙忍受。　　不幸刺文双颊，哪堪配在江州？他年若得报怨仇，血染浔阳江口。

　　　　　　　　　　——《西江月》

这一首诗，其实是一首词，调名《西江月》。当然，从广义上讲，词也是诗的一种，因此也可以说它是诗。

宋江写完，看了一遍，感觉蛮好，于是开怀大笑，手舞足蹈，接着又拿起笔来，又写了一首：

　　心在山东身在吴，飘蓬江海谩嗟吁。

他时若遂凌云志,敢笑黄巢不丈夫。①

宋江题诗浔阳楼(浔阳楼陶瓷壁画)

　　宋江写罢,感觉更好,完全忘记了自己的身份和处境,还在上面署上大名:"郓城宋江作"。署上大名之后,还吟诵了一遍,又喝了几杯酒,不知不觉就沉醉了。付了银子,拂袖下楼,高一脚低一脚地回到牢城营,开了房门,倒头便睡,一觉睡到自然醒。酒醒时,完全忘记了自己在浔阳楼上题诗的事情。

　　这时候,一个自作聪明的投机分子出场了。这个人就是无为军的一个赋闲在家的通判,叫黄文炳。此人虽然读过一点书,但心胸狭窄,嫉贤妒能。比他强的他就陷害,比他弱的他就欺负,又喜欢巴结上司。

　　这无为军就是今天的安徽无为一带,在江北。而江州则在江南。小说讲无为军在江州对岸,这不对。江州对岸是舒州,舒州往东才是无为军。无为军既不在江州对岸,又与江州无统属关系,它与江州是平级的。但是江州的行政一把手是太师蔡京的第九个儿子,小说称他为"蔡九知府"。这蔡九知府是一个典型的贪官,又贪又滥又骄奢。由于江州这个地方钱粮

---

① 施耐庵、罗贯中著:《水浒传》第三十九回,人民文学出版社1984年版,第531页。

浩大、油水多，蔡京就让他来这里做一个知府。这黄文炳一心就想攀上蔡九知府这个关系，希望他能向太师推荐，让自己出来做一个正式的官。于是黄文炳就三天两头地往江州跑，给蔡九知府送礼，拍马屁，套近乎。

宋江在浔阳楼上题诗的第二天，黄文炳又来江州给蔡九知府送礼。不巧蔡府上有一个公宴，就是招待当地官员的一个宴会。黄文炳是无为军的一个赋闲在家的通判，不够条件，进不去。怎么办呢，于是他就来浔阳楼转悠。这一转悠，发现了宋江的题诗。

其实对于宋江的这两首诗，不同的读者是有不同的看法的。有的人认为是酒后的牢骚，有的人则认为是反诗。黄文炳就认为是反诗。他对酒保说："这不就是反诗嘛！什么人写在这里的？"酒保也不知道宋江的身份，就把他的特征描述了一番：黑黑的，矮矮的，胖胖的，眉宇之间很有几分豪气，不过脸上刺了金印。黄文炳根据酒保的描述，又根据"不幸刺文双颊，哪堪配在江州"这两句来分析，推断写诗的人就是江州牢城营的一个囚徒，于是就把这两首诗抄下来藏在身上。他想，自己邀功请赏的机会终于到了。

第二天，他再次来到蔡府。这一天蔡府没有公宴，他很顺利地进去了。寒暄过后，他问蔡九知府："京师近来有什么新闻没有？"蔡九知府说："家父有信来，说司天监奏报，夜观天象，罡星照临吴楚之地，恐怕有人要作乱。还说街上传出四句童谣：'耗国因家木，刀兵点水工。纵横三十六，播乱在山东。'因此嘱咐我严加防范，一旦发现作乱之人，立即剿除！"

黄文炳说："这件事，看来并非偶然。"说完就把宋江的诗拿给蔡九知府看。蔡九知府一看，说："这诗有问题呀！您是从哪里得来的？"

这黄文炳就把自己如何在浔阳楼细察，如何发现了这两首诗，如何向酒保了解到题诗之人的特征等，绘声绘色地叙述了一遍。

蔡九知府说："原来是一个配军写的。量他一个配军，做得了什么？"

这时候，黄文炳就开始发挥他的聪明才智了。他说："相公啊，您可不能小看这个人啊！刚才您说的京师童谣，句句都应在这个人身上啊！您看：'耗国因家木'，这家字头着个木字，明明是个宋字嘛，耗散国家钱财的人，必定是这个姓宋的。'刀兵点水工'，兴起刀兵之人，水边着个工字，明明是个江字嘛。'纵横三十六'，或者应六六之年，或者应六六之数。'播乱在山东'，这宋江正是山东郓城人。您再想想，这京师传出的童谣，难道是偶然吗？"

蔡九知府一听，恍然大悟，当即下令："传戴宗！马上去江州牢城，捉拿在浔阳楼题反诗的郓城县宋江！"

后来的情节就不用复述了。宋江被判处死刑，就地问斩。梁山泊以晁盖为首的17个头领，带着100多个好汉来江州劫法场，不问官军百姓，见人就杀，杀得尸横遍野，血流成河。尤其是黑旋风李逵，抡起两把板斧，见人就砍，一路砍过去，连晁盖都拦不住。

梁山泊好汉劫法场（浔阳楼陶瓷壁画）

总之，这是一个震惊朝野的大事件。这个事件的后果是极为严重的：

第一，江州遭遇浩劫。据江州官方统计，这次被杀死的官军百姓有500多人，带箭中伤者不计其数，其中绝大多数是无辜百姓。第二，又有29个头领上了梁山，进一步壮大了梁山的力量。第三，最终把宋江逼上梁山。在这之前，宋江是死活不肯上梁山的。第四，进一步激化了官民矛盾，给朝廷出了一个非常大的难题。

因为两首诗，导致这么严重的后果，这其中究竟有没有误会呢？我刚才讲过了，关于宋江的这两首诗，不同的读者是有不同的看法的。有的人认为这两首诗是酒后牢骚，有的人认为是反诗。

如果说是反诗，他反的究竟是谁？是贪官，还是朝廷？我觉得这个问题还是可以讨论的。

古人讲："知人论世。"读其诗而不知其人，可乎？

那么，宋江究竟是一个什么样的人呢？

青史上留得一个好名

小说中的宋江不同于历史上的宋江。历史上的宋江是反朝廷的，小说中的宋江只反贪官，不反朝廷。

小说中的宋江有自己的理想。他的理想就是："青史上留得一个好名。"《水浒传》第三十二回写武松去二龙山落草之前，宋江与他话别。宋江说：

> 兄弟，你只顾自己前程万里，早早地到了彼处。入伙之

后，少戒酒性。如得朝廷招安，你便可撺掇鲁智深、杨志投降了，日后但是去边上，一枪一刀，博得个封妻荫子，久后青史上留得一个好名，也不枉了为人一世。①

这一段话是宋江劝武松的话，也是宋江自己的理想，是宋江的价值观和人生观的体现，也是我们了解宋江这个人的关键。

宋江一生为人行事，就是为了"留得一个好名"。

那么，他所讲的"好名"又是什么名呢？其实就是"忠""孝""义"三个字，对朝廷尽忠，对父母尽孝，对朋友尽义。

宋江仗义疏财，乐善好施，热心于为他人排忧解难，人称"及时雨"。宋江在"义"字上是做得很成功的，别人很满意，他自己也很满意。但是在"忠"字上，他自己是不满意的。不是他不想尽"忠"，是他没有机会。他对武松说："我自百无一能，虽有忠心，不能得进步。"这几句话所表达的其实就是他的这种遗憾。不过宋江至死都没有放弃这种努力。

作为一个古代的中国人，对朝廷尽"忠"，对父母尽"孝"，对朋友尽"义"，是许多人做人的根本。这也是中国传统文化的一大特点。但是，"忠"和"义"，有时候是很矛盾的。对朋友尽"义"，往往就违背了对朝廷尽"忠"的初心。正是在这个问题上，宋江是很纠结的，很矛盾的。

例如"私放晁盖"这件事。晁盖抢劫了大名府梁中书送给太师蔡京的价值10万贯的"生辰纲"，官府正在捉拿他。宋江作为济州府郓城县的一个押司，也就是县政府的一个文书，居然"担着血海也似干系"去给晁盖通风报信，这不就是犯法吗？宋江当然知道自己是在犯法，

---

① 施耐庵、罗贯中著：《水浒传》第三十二回，人民文学出版社1984年版，第432页。

但是宋江为什么要知法犯法呢？就因为晁盖是他的"心腹兄弟"。"心腹兄弟"出事了，自己见死不救，这就违背了一个"义"字。但是为了这个"义"字，又未免违背了一个"忠"字。为此，宋江的心里一直是不安的。

正是因为心里一直不安，迫使他犯下另一件更大的事，就是"怒杀阎婆惜"。

阎婆惜是他的女人，虽然不是遵父母之命娶回来的女人，但也是他一生中唯一的女人。而宋江之所以"怒杀阎婆惜"，就是因为阎婆惜拿到了他与梁山泊头领晁盖来往的信件，并以此来挟他。宋江怕事情败露吃官司，落得一个"不忠不孝"的罪名，一怒之下就把这个忘恩负义的风尘子女给杀了。如果宋江不是怕落得一个"不忠不孝"的名声，他怎么会那么在意梁山泊的那封信，以致最后动手杀人呢？

杀了阎婆惜之后，宋江就开始流落江湖了。先是在柴大官人庄上住了半年，后来又在孔太公庄上住了半年，再后来又在清风寨住了一段时间。最后，宋江得到一封家书，说是父亲亡故了。宋江号啕大哭，立刻往家里赶。

谁知到了家里，发现父亲活得好好的。原来是父亲想他了，又怕他一时糊涂，"被人撺掇落草去了，做个不忠不孝的人"，因此就托人带信让他回家。没想到，刚到一更天气，官府的人就得知消息来捉拿他了。他父亲很后悔，还想隐瞒一下，但宋江主动自首了。

宋江为什么要主动自首呢？就是希望能够减刑，早日回来侍候自己年迈的父亲。说到底，还是怕落下一个既不忠又不孝的名声。

宋江自首之后，被脊杖二十，脸上刺了金字，然后发配江州。有趣的是，在前往江州的途中，居然被梁山泊好汉抢到山上去了。晁盖等人非常真诚、非常迫切地邀他入伙，宋江坚决地谢绝了。宋江说：如果我留在山上，顺了你们的意，"便是上逆天理，下违父教，做了不忠不孝的人在世，虽生何益？如哥哥不肯放宋江下山，情愿只就兄长手里乞死。"说罢，泪如雨下。梁山泊众头领见宋江的态度如此坚决，只好送他下山。

宋江就是这样到江州来的。这样一个死活都不肯留在梁山的人，死活都不肯落下"不忠不孝"罪名的人，怎么可能一到江州就写反诗，宣称自己要反朝廷呢？

因此，也有读者认为，宋江的这两首诗属于酒后牢骚，不是反诗。如果一定要说它们是反诗，那也是反贪官的诗，不是反朝廷的诗。

宁可朝廷负我，我忠心不负朝廷

可能有人会说，宋江在梁山泊好汉劫法场把他救出之后，不是上了梁山吗？不错，宋江后来确实上了梁山，而且不久之后就坐上了梁山的第一把交椅。但是，宋江有没有反朝廷呢？没有。我这里只讲三件事。

第一件事，改"聚义厅"为"忠义堂"。晁盖死后，宋江坐上了梁山第一把交椅。宋江坐上这把交椅之后所做的第一件事，就是改"聚义厅"为"忠义堂"。这可不是一般的更名，这个更名非同小可。它表明：梁山泊的宗旨和行为准则，在晁盖主事时，只有一个"义"字；在宋江主事时，就多了一个"忠"字，而且"忠"字还排在"义"字的前边。"忠"字最重要。忠于谁呢？当然是忠于朝廷。

忠义堂（浔阳楼陶瓷雕塑）

　　第二件事，放走高俅。梁山泊好汉最大的仇家是谁？当然是高俅。高俅曾经大兴三路兵，水陆两路围剿梁山泊。梁山泊呢，也曾经三败高俅，最后活捉了高俅。可是结果呢，还是宋江做主，把高俅放了。宋江放走高俅，梁山泊许多头领都不理解，林冲就是为这事气死的。宋江为什么要放走高俅呢？难道他不恨贪官了？不是。他是希望放走高俅，卖他一个人情，让高俅回朝之后，替他们在皇帝跟前说情，让朝廷早日来招安。宋江为什么一定要接受朝廷招安？甚至主动寻求朝廷招安？还是为了"青史上留得一个好名"，不希望背一个"不忠不孝"的罪名。

　　第三件事，毒死李逵。宋江率领梁山泊好汉接受招安之后，就去为朝廷破大辽、征田虎、打方腊，立下累累战功。但是那些贪官们，包括高俅在内，仍然歧视他们这些人，时刻想着要除掉他们。于是李逵等人就提出再上梁山，但是宋江不允许。最后，贪官在皇帝赐给宋江的御酒中做了手脚，下了毒药。宋江不知情，喝下了。当宋江得知自己喝下了毒酒之后，他就把李逵叫来，在给李逵喝的酒里也下了毒。他为什么要这样做？为什么要毒死李逵？小说写道：

　　　　宋江道："兄弟，你休怪我！前日朝廷差天使赐药酒与

> 我服了，死在旦夕。我为人一世，只主张忠义二字，不肯半点欺心。今日朝廷赐死无辜，宁可朝廷负我，我忠心不负朝廷。我死之后，恐怕你造反，坏了我梁山泊替天行道忠义之名，因此请将你来，相见一面。昨日酒中已与了你慢药服了，回至润州必死。①

由此看来，宋江自始至终，都没有反朝廷的动机。他的名言就是"只反贪官，不反朝廷"。这样一个自始至终都不反朝廷的人，怎么可能一到江州就写下反朝廷的诗呢？

因此，我认为，蔡九知府在宋江的问题上显然处置失当。他缺乏处理这种事情的智慧和经验。他只听黄文炳一个人的话，而黄文炳又是一个私心很重的人。黄的目的就是把宋江的诗定性为反诗，然后借发现、处理这个反诗事件来邀功请赏。因此从一开始，他就把这个问题看走样了。

当然，也不排除另一种可能，就是蔡九知府和黄文炳都心知肚明，宋江的所谓反诗不是反朝廷的，而是反贪官的。但是，由于他们两人本身就是贪官污吏，因此他们就故意掩盖这一事实，一定要把宋江的诗定性为反诗，把这个问题提到反朝廷的高度，这样他们既可以逃避自己应受的惩罚，又可以向朝廷邀功请赏。

总之，宋江在浔阳楼的题诗可以说是反诗，也可以说是酒后的牢骚，不一定是反诗。如果一定要说是反诗，那也是反贪官的诗，不是反朝廷的诗。黄文炳和蔡九知府把宋江的诗定性为反朝廷的诗，不少读者也认为是反朝廷的诗，这是一个误会。

如果说，浔阳楼扬名天下，在很大程度上是由一系列的误会造成的。那么，在长江下游的北固楼，又是因为什么而扬名天下的呢？请留意下文。

---

① 施耐庵、罗贯中著：《水浒传》第一百回，人民文学出版社1984年版，第1388页。

〔关于浔阳楼的问答〕

一、与中国其他名楼相比,浔阳楼的建筑风格有何与众不同之处呢?

浔阳楼的建筑风格是宋代的风格。它有这样几个特点:第一,外观三层,内部实为四层。第二,四周都有回廊栏杆。第三,九脊歇山式屋顶,宋朝称九脊殿。第四,屋面及檐面上覆盖青瓦。

二、很多人登楼是为了赏景,而浔阳楼最初建成时是一个城门楼,那么登上浔阳楼可以看到怎样的美景呢?

浔阳楼最初是江州州治浔阳城的一座城门北楼,始建于唐代。唐代诗人白居易的《题浔阳楼》一诗写道:"大江寒见底,匡山青倚天。深夜溢浦月,平旦炉峰烟。"可见,站在当时的浔阳楼上,既可以看到清澈见底的长江,也可以看到草木青葱的庐山。在夜深时可以看到溢浦口的月亮,在早晨可以看到庐山香炉峰上的云雾。

三、在很多古诗中我们发现,很多人喜欢登楼题诗,这反映了中国古人怎样的一种人文情怀?

中国古人有一个"登高作赋"的传统。他们登上高楼或者山顶,眼界为之开阔,心胸为之舒展,又受到自然环境的启发,往往要"登高而赋"。这个"登高而赋"的内容是很丰富的,有的是亲笔题写诗、词、文、赋、联,有的是吟诵前人的诗、词、文、赋、联。通过"登高而赋",或者书写用世之志,或者寄托兴亡之感,或者表达对家乡、对亲人的思念。

北固楼

【永遇乐·京口北固亭怀古】辛弃疾

千古江山,英雄无觅,孙仲谋处。舞榭歌台,风流总被,雨打风吹去。斜阳草树,寻常巷陌,人道寄奴曾住。想当年,金戈铁马,气吞万里如虎。

元嘉草草,封狼居胥,赢得仓皇北顾。四十三年,望中犹记,烽火扬州路。可堪回首,佛狸祠下,一片神鸦社鼓。凭谁问:廉颇老矣,尚能饭否?

满眼风光北固楼

今天,我要讲的中华名楼是北固楼。"何处望神州,满眼风光北固楼。"这是南宋著名词人辛弃疾的名句。由于这名句,人们知道了北固楼。

那么,这个北固楼在哪里呢?在江苏镇江的北固山上。

要了解北固楼,必须了解北固山;要了解北固山,又必须了解镇江。

镇江地处江苏境内的长江南岸,古称京口,又称南徐州、润州。这是一座拥有三千多年历史的国家历史文化名城。

镇江的地理位置非常特殊。当南北统一时,它是一个重要的交通枢纽;当南北分裂时,它又是一个兵家必争之地。而镇江北面的北固山则雄峙江边,地势险要。守住北固山,就可以控制镇江;控制了镇江,就可以控制整个东南地区。正是由于这个原因,东吴的都城"铁瓮城"就建在北固山的前峰;正是由于这个原因,梁武帝萧衍称北固山为"天下第一江山"。

北固楼

北固楼的来历

据南朝学者顾野王的《舆地志》一书记载：

> 北固山，有亭屋五间。蔡谟以置军实。刘牢之败，为其子敬宣所焚。①

蔡谟是东晋时候的人。军实，就是军用物资，包括兵器、被服、粮草等。东晋时，镇江这个地方叫南徐州。东晋成帝咸康五年（公元339年），蔡谟任南徐州刺史，为了加强长江防御，他就利用这个北固亭来储备军用物资。

又据《南史·萧正义传》记载：

> 京城之西有别岭入江，高数十丈，三面临水，号曰北固。蔡谟起楼其上，以置军实。②

这个别岭就是北固山。由于这座楼建在北固山上，因此就叫北固楼。

这里有两个问题：第一，北固楼究竟建于何时？是谁建的？根据《舆地志》的记载，这个楼在蔡谟任南徐州刺史之前就有，蔡谟只是用它来储藏军用物资。而《南史·萧正义传》则说，这个楼是蔡谟建的。那么，这个楼究竟建于何时？究竟是谁建的？据镇江当地学者推测，可能是建于东吴时期。至于是谁建的，目前还没有找到确证。第二，这个建筑，究竟是叫北固楼？还是叫北固亭？南宋著名词人辛弃疾有两首词，一首叫《南

---

① 顾野王著，顾恒一等辑注：《舆地志辑注》，上海古籍出版社2011年版，第248页。
② 李延寿撰：《南史·梁宗室上·萧正义传》，中华书局1975年版，第1279页。

乡子·登京口北固亭有怀》，一首叫《永遇乐·京口北固亭怀古》，题目都叫"北固亭"，但是在前一首词里，他又写道：

何处望神州？满眼风光北固楼。①

题目叫"北固亭"，正文又称它为"北固楼"。这是怎么一回事呢？其实，亭和楼是有区别的。第一，亭是通透的，没有墙，而楼是有墙的；第二，亭一般只有一层，而楼至少是两层以上。

前些时候，我专门去了一趟镇江。镇江当地的文史学者陪我考察了北固山和北固楼。考察之后，我再综合《舆地志》和《南史·萧正义传》的记载，可以说，基本上搞清楚了这样一个事实：蔡谟用来储藏军用物资的那个北固楼一共是五间，在楼顶还建有一个亭子。这个楼在东晋安帝元兴年间（402—404）被刘牢之的儿子刘敬宣烧毁，但是后来又似乎重建过。南朝梁代时，也就是萧正义来做南徐州刺史时，北固楼严重受损，但楼顶的亭子还在。可见，北固楼与北固亭原是一个整体。

由于楼和亭原是一个整体，因此到后来在名称上就楼、亭不分了，甚至一会称楼，一会称亭。南宋时是这样，直到清代还是这样。例如清代著名学者顾祖禹的《读史方舆纪要》一书在讲到北固楼时，就是一会称楼，一会称亭。②

同所有的中华名楼一样，历史上的北固楼也是屡毁屡建。仅仅在南宋就建了三次。今天我们所看到的这个北固楼是2013年重建的。

---

① 辛弃疾撰、邓广铭笺注：《稼轩词编年笺注》，上海古籍出版社2007年版，第568页。
② 顾祖禹撰，贺次君等点校：《读史方舆纪要》，中华书局2005年版，第1251页。

北固楼

这个楼有一个很鲜明的特点，就是整个楼只用了两根钢材，其他的全是实木。它的梁柱都是榫卯结构，没有使用一根铁钉。

清代有一位江西南昌籍的诗人，叫尚镕，小的时候被人们称为"神童"。他有一首诗叫《忆滕王阁》，诗中有这样几句：

> 天下好山水，必有楼台收。山水与楼台，又须文字留。①

天下的好山好水，必有好的楼台将它们收入眼底；而好山好水与好楼台，又必须有好的文字来描写它们，才能名传不朽。

这几句话是很精辟的，用在北固山和北固楼身上，也是非常恰当的。北固山之所以天下闻名，是因为山上有北固楼；北固楼之所以天下闻名，则是因为楼上留下了天下闻名的好作品。

据镇江地方文献记载，梁代的开国皇帝梁武帝萧衍、宫体诗的倡导者梁简文帝萧纲、"永明体"的发明者沈约、写过"两三灯火是瓜州"的

---

① 尚镕《忆滕王阁》：原载《持雅堂诗集》卷一，引自中国文物学会历史文化名楼保护专业委员会《中国历史文化名楼系列文丛·诗歌卷》，文物出版社2015年版，第415页。

唐代诗人张祜、南宋著名词人辛弃疾和姜夔、元代著名诗人萨都剌、"戊戌变法"的代表人物康有为等，都曾经登上北固楼，并且都留下了佳作。在这些佳作中，又以辛弃疾的《南乡子·登京口北固亭有怀》和《永遇乐·京口北固亭怀古》最为有名。

可以肯定地说，如果没有辛弃疾的这两首佳作，北固楼绝对不会有今天这么大的名声。也就是说，北固楼是与辛弃疾的名字联系在一起的，就像黄鹤楼与崔颢、岳阳楼与范仲淹、滕王阁与王勃、燕子楼与苏轼、鹳雀楼与王之涣一样。

辛弃疾本是济南人，他是怎么到镇江来的呢？

壮岁旌旗拥万夫

辛弃疾（1140—1207），字幼安，号稼轩，出生在济南府历城县（今山东省济南市历城区）。当时的济南府属于金朝的管辖范围。

辛弃疾的父亲死得很早，他是在祖父的身边长大的。他的祖父叫辛赞，在金人占领中原的时候，由于家庭人口众多，行动不便，不能南迁，不得已做了金朝的官。

辛赞这个人，"身在曹营心在汉"，时刻不忘沦陷的国土，经常带着年幼的孙子，"登高望远，指画山河"，告诉他：哪里曾经是战场，哪里是关塞，哪里是将来可以用兵布阵的地方。因此，辛弃疾从小就有这样的志向：

> 投衅而起，以纾君父所不共戴天之愤。[1]

---

[1] 辛更儒笺注：《辛弃疾集编年笺注》，中华书局2015年版，第216页。

也就是要寻找机会，收复中原，统一祖国。

辛弃疾十四岁就中了举人，以他的才学，中进士是指日可待的事，但是，他没有选择这样一条读书做官的路，没有选择做金朝的官，而是加入了抗金的队伍。

宋高宗绍兴三十一年（公元1161年），金主完颜亮南侵，遭到南宋军民的顽强抵抗，南侵失败，他也被部下杀死。正是在这个时候，北方的汉族人民纷纷聚众起义，抗金的烽火在中原大地燃烧。济南府有一个叫耿京的农民，拉起了一支二十五万人的抗金队伍，自称天平军节度使，纵横今山东一带。而在耿京起义之前，辛弃疾已经拉起了一支两千人的抗金队伍。

为了壮大抗金的力量，辛弃疾率部投奔耿京。耿京发现辛弃疾是一个文武全才，就任命他为掌书记，负责全军的文书工作，还把自己的帅印也交给他保管。

辛弃疾在投奔耿京之前，认识一个叫义端的和尚。这个和尚喜欢谈兵。在辛弃疾投奔耿京之后，这个和尚也拉起了一支一千多人的抗金队伍。为了壮大抗金的力量，辛弃疾就去劝他投奔耿京。义端同意了。后来耿京就把义端的这一千多人编进了自己的队伍。但是没过多久，发生了一件意想不到的事件：义端叛变了！临走的时候，为了向金人邀功请赏，他还悄悄潜入辛弃疾的营帐，偷走了耿京的帅印。

这个事情就闹大了。耿京勃然大怒。因为义端是辛弃疾推荐的。耿京命令手下把辛弃疾绑起来，推出帐外斩首。辛弃疾对耿京说："请你给我三天时间。三天之内，我一定抓到义端，把帅印夺回来。如果三天之内抓不到义端，夺不回帅印，任凭你处置！"

耿京放了辛弃疾。辛弃疾分析，义端偷耿京的帅印是想把它作为见面礼献给金人，邀功请赏。因此他判断，义端一定是投奔金兵大营去了。于是他就快马加鞭，往金兵大营方向追去。果然，在半路上追上了义端。辛弃疾手起刀落，砍下了这个叛徒的脑袋，然后拎着他的脑袋和耿京的帅印，回到耿京的大营。耿京大加称赞："壮士也！"[①]

从此以后，耿京对辛弃疾就更加器重了。

当时，金朝的新皇帝完颜雍已经稳定了北方的局势，开始调集大军，对中原义军实行各个击破。辛弃疾考虑到耿京的力量还不足以抵抗强大的金兵，为了完成收复中原、统一祖国的大业，他建议耿京"决策南向"，也就是归顺南宋王朝。耿京采纳了他的建议。

绍兴三十二年（公元1162年）一月，辛弃疾奉耿京之命，奉表南归。高宗皇帝当时正在建康（今江苏南京）劳军，就在建康召见了他。那个时候的宋高宗还是有一点抗战姿态的，他欣然地接受了这支义军，并且任命耿京为天平军节度使，任命辛弃疾为节度使掌书记，嘱咐他们带兵过江。

辛弃疾返回北方，走到海州（今江苏连云港）时，得知一个天大的坏消息：耿京手下的大将张安国叛变，杀害了耿京，并且提了耿京的脑袋去金兵大营领赏。面对这样一个出乎意料的重大事变，辛弃疾非常悲愤，也非常果敢。他立即带领五十人直奔济州（今山东济宁），闯进有五万人的金兵大营。当时张安国正在大营里喝庆功酒。辛弃疾命令他的手下，当即把张安国五花大绑。这时候，大营外边已经围满了人，其中有许多是被张安国忽悠过来的耿京的老部下。辛弃疾对他们晓以大义，劝他们

[①] 脱脱等撰：《宋史·辛弃疾传》，中华书局1985年版，第12161页。

跟随自己一起归顺南宋。这些士兵毕竟是耿京的老部下，毕竟是有爱国之心的，他们当即站到了辛弃疾这一边。

辛弃疾当即带领这一万士兵，押着叛徒张安国，向南进发。这个时候，四万左右的金兵还没有反应过来呢。等他们反应过来之后，一路狂追，但是都被辛弃疾打退了。

辛弃疾带着他的一万人马，过了淮河，过了长江，最后到了临安（今浙江杭州），把叛徒张安国交给朝廷处置。张安国被斩首示众。辛弃疾的英雄行为轰动朝野，声名大震，连皇帝也为之"三叹息"。这一年，辛弃疾有多大呢？二十三岁。[①]

这就是辛弃疾直到晚年还引以为自豪的那一段"壮岁旌旗拥万夫"的经历。

廉颇老矣，尚能饭否

辛弃疾南归的目的，就是要凭借南宋朝廷的力量，北伐中原，收复失地，统一祖国。但是，他的理想落空了。

就在辛弃疾南归的这一年，宋高宗退位，孝宗即位。这个孝宗皇帝，最初也是有一点抗战姿态的人，他起用了主战派的大臣张浚，命令他率师北伐。但是张浚志大才疏，用人不当，北伐军内部发生矛盾，将士缺乏斗志，最后在符离（今安徽宿迁市境内）不战而溃，十三万大军集体大逃亡，军用物资全部丢弃。

[①] 脱脱等撰：《宋史·辛弃疾传》，中华书局1985年版，第12161—12162页。

符离之败使得主战派遭到沉重打击，主和派上台执政，与金人妥协，签订了一个屈辱的"隆兴和议"。此后四十多年，宋金无战事。辛弃疾南归后的四十多年，就是在这样一个背景下度过的。

辛弃疾在南宋的四十多年当中，真的是"三起三落"。为官二十三载，下野二十一年。在他为官的二十三年当中，虽然担任过许多职务，但是没有一个职务是让他带兵抗金的。如果说，有一个职务与抗金有些关系，那就是一年时间的镇江知府。

说到辛弃疾与镇江的关系，还真是有点特殊。

绍兴三十二年（公元1162年），辛弃疾奉耿京之命"奉表南归"时，就曾经往返路过镇江。

归宋之后，辛弃疾做了镇江人范邦彦的女婿。这范邦彦原是蔡州新息县（今河南息县）县令，那个时候的蔡州新息县也在金朝的管辖之内。范邦彦也是一个力主抗金的人，在辛弃疾归宋的前一年，他就带领属下归宋，并在镇江安家。辛弃疾与范邦彦志同道合，因此就做了他的女婿。

更有意思的是，辛弃疾与范邦彦的儿子也就是他的内弟范如山也很投缘，后来范如山的儿子范炎又做了辛弃疾的女婿。

宋宁宗嘉泰四年（公元1204年）年初，也就是辛弃疾南归四十三年之后，这位镇江的女婿奉命出任镇江知府。他一上任，就着手北伐抗金的准备。一是赶制一万套军装；二是在沿江一线招募新兵，对这些新兵进行单独训练，他要把他们训练成精兵强将，作为北伐的生力军；三是多次派人渡江，深入敌后，侦察敌情，把敌方的军事部署、屯粮位置、将帅姓名、兵马数字等搞清楚。

正是以这种积极、稳健的姿态，辛弃疾登上了北固楼，写下了《南乡子·登京口北固亭有怀》：

何处望神州？满眼风光北固楼。千古兴亡多少事？悠悠。不尽长江滚滚流。

年少万兜鍪。坐断东南战未休。天下英雄谁敌手？曹刘。生子当如孙仲谋。①

这是一首脍炙人口的佳作。"兜鍪"，就是头盔；"坐断"，就是占据住；"孙仲谋"，就是孙权。孙权19岁就继承兄长孙策为吴主，统率东吴大军，守住了父兄创下的基业。不像荆州的刘琮，父亲刘表刚死，他就投降曹操，把荆州拱手相让。

"生子当如孙仲谋"这句话是谁讲的呢？曹操。据《三国志》裴松之注记载，曹操与孙权战于濡须坞（今安徽无为县境内），曹操失利。他看见孙权的船只、器杖、队伍都很整肃，不禁感叹：

生子当如孙仲谋，刘景升儿子若豚犬耳！②

刘景升就是原荆州刺史刘表，刘景升儿子就是指刘琮。可见曹操虽然得了荆州，但是他对刘琮这样的投降者是鄙视的。他所欣赏的，反而是不肯投降并且治军有方的孙权这样的人。

镇江是东吴的第一个政治中心。东吴最早建都镇江，后来才迁往建康（今江苏南京）和武昌（今湖北鄂州）。东吴在镇江建的都城铁瓮城就在北固山的前峰。因此辛弃疾登上北固山，就想起了东吴，想起了孙权。他这首《南乡子》就是通过对孙权的赞美，表达了自己坚持抗金、收复

---

① 辛弃疾撰、邓广铭笺注：《稼轩词编年笺注》，上海古籍出版社2007年版，第568—569页。

② 陈寿著、裴松之注：《三国志·吴书·吴主传》引《吴历》，浙江古籍出版社2000年版，第684页。

中原、统一祖国的决心和意志。

遗憾的是，当时南宋握有实权的主战派首领韩侂胄对辛弃疾所采取的这些措施均持消极态度，并不真正支持辛弃疾，有关江淮之间的防御和进攻的军事机密，也不让他知道。事实上，韩侂胄只不过是拿辛弃疾这样的主战派元老作为号召而已。辛弃疾当然知道韩侂胄的态度，因此就有一种报国无门、壮志难酬的悲愤。正是怀着这种心情，他再次登上北固楼，写下了《永遇乐·京口北固亭怀古》这首词：

> 千古江山，英雄无觅，孙仲谋处。舞榭歌台，风流总被，雨打风吹去。斜阳草树，寻常巷陌，人道寄奴曾住。想当年，金戈铁马，气吞万里如虎。
>
> 元嘉草草，封狼居胥，赢得仓皇北顾。四十三年，望中犹记，烽火扬州路。可堪回首，佛狸祠下，一片神鸦社鼓。凭谁问：廉颇老矣，尚能饭否？①

这也是一首脍炙人口的佳作，古今评价都很高。明代著名学者杨慎甚至认为，辛弃疾的词，以《永遇乐·京口北固亭怀古》为第一。②

这首词一共用了五个典故，写了五个历史人物。

第一个历史人物是吴主孙权。

> 千古江山，英雄无觅，孙仲谋处。舞榭歌台，风流总被，雨打风吹去。

这几句就是写孙权的。孙权建的第一座都城叫铁瓮城，这座城南宋

---

① 辛弃疾撰、邓广铭笺注：《稼轩词编年笺注》，上海古籍出版社2007年版，第573页。
② 先著、程洪撰《词洁辑评》卷五，唐圭璋《词话丛编》（二），中华书局1986年版，第1370页。

时还在，只是东吴时的"舞榭歌台"，早已被"雨打风吹去"了。这几句词就是通过对孙权的怀念，写一种历史沧桑之感。

东吴铁瓮城遗址

第二个历史人物是宋武帝刘裕。刘裕是南朝宋代的开国皇帝，小名寄奴。此人生长在京口，也就是镇江人。他在东晋时曾在京口起兵，出兵北伐，一度收复长安、洛阳等地，后来推翻东晋，做了皇帝。

斜阳草树，寻常巷陌，人道寄奴曾住。想当年，金戈铁马，气吞万里如虎。

这几句是说，当年"气吞万里如虎"的刘裕也早已作古，他曾经住过的地方也是杂草丛生，斜阳笼罩。

第三个历史人物是刘裕的儿子、宋文帝刘义隆。此人也曾想统一中原，甚至希望像汉代名将霍去病那样，驱逐匈奴，在狼居胥山（今内蒙古境内）上举行祭天仪式。可是他用人不当，用了一个志大才疏、刚愎自用、不得人心的王玄谟。此人草率出兵，结果大败而回。

元嘉草草，封狼居胥，赢得仓皇北顾。

这几句就是总结历史的教训。出兵北伐、统一中原是正确的，但是要有充分而周密的准备，不可草草行事。"元嘉"，就是宋文帝刘义隆的年号。

第四个历史人物是北魏太武帝拓跋焘（字佛狸）。正是此人当年率兵追击王玄谟，一直追到长江北岸的瓜步山（今江苏六合区境内），还在那里修建了一座行宫，后称佛狸祠。

> 四十三年，望中犹记，烽火扬州路。可堪回首，佛狸祠下，一片神鸦社鼓。

这几句是说，往事不堪回首。四十三年前，我从北方来到南方，经过镇江时，也曾登上北固楼。那个时候，江对岸的扬州还有一片抗金的烽火，可是今天呢？看看江对岸的那个佛狸祠下，人们正在举行迎神赛会，鼓声隆隆，乌鸦正在抢食祭品。太武帝拓跋焘这个给南朝带来耻辱的人居然成了江南人心中的神。可见人们忘记得多快啊！用今天的话来讲，人们的集体健忘症有多么严重啊！

第五个历史人物是廉颇。廉颇这个人物大家应该不陌生。他是战国时期赵国的一员老将，善于用兵，但是晚年被废黜，去了魏国。后来秦国攻打赵国，赵王想再度起用廉颇，但是又怕他老不堪用，怎么办呢？就派一个使者去魏国看看。廉颇为了证明自己还不老，还能打仗，就当着这个使者的面吃了一斗米饭、十斤牛肉，吃完之后还披甲上马。廉颇哪里知道这个使者已经接受了他的仇人郭开的贿赂，回到赵国后，他竟然对赵王说：廉颇虽老，但还能吃。不过吃完之后，居然拉了三次屎。所谓"一饭三遗矢"。赵王就信以为真，以为廉颇真的老不堪用了。

凭谁问：廉颇老矣，尚能饭否？

　　这三句是什么意思呢？意思是说，我辛弃疾虽然老了，但还能吃，还能带兵打仗，可是又有谁来问我一下呢？连问我一下的人都没有！

　　辛弃疾在这首词里表达了三层意思：一是对孙权、刘裕这样的以统一祖国为己任的英雄表示赞赏，二是对刘义隆这样的虽有统一愿望、但行事草草的人提出批评，三是表达了自己还能打仗、还能为统一祖国效力的愿望。可是，他的这个愿望一直到死都没能实现。第二年的夏天，也就是开禧元年（公元1205年）七月，他第三次下野。也就是说，他在镇江知府任上只干了一年就被免职了。一年之后，韩侂胄率兵北伐，史称"开禧北伐"。这次北伐由于准备不足，行事草草，宋军全线溃败，再次"赢得仓皇北顾"。

　　韩侂胄所领导的"开禧北伐"的失败，无可辩驳地证明，辛弃疾在镇江的做法是正确的。这就是：北伐要有充分而周密的准备，要知己知彼，不可草草行事。可惜韩侂胄没有听他的。

　　"开禧北伐"一年之后，也就是开禧三年（公元1207年）九月，辛弃疾在江西铅山黯然去世。临终之时，他遗恨未消，连声大呼："杀贼！杀贼！杀贼！"

　　辛弃疾是一位以收复中原、统一祖国为己任的仁人志士，也是一位很能干、很有才华和胆识的人。南宋著名诗人陆游曾经把他比作管仲与萧何，南宋著名词人姜夔曾经把他比作诸葛亮。但是，由于他的敢作敢为敢担当，也得罪了一些人，因此在他四十多年的仕宦生涯中，曾经有过三次下野。他的一生是可歌可泣、可悲可叹的。

　　辛弃疾任镇江知府的时间只有短短的一年，他在镇江为北伐所做的那些准备工作早已被人们遗忘，但是他在镇江写的这两首与北固楼有关的作品却给人们留下了难以磨灭的印象。

北固楼,既是一个满眼风光楼,更是一个慷慨悲歌楼。站在北固楼上,不仅可以饱览长江两岸的旖旎风光,更可以感受像孙权、刘裕、辛弃疾这样的以统一祖国为己任的仁人志士的报国情怀,感受他们的豪情,也感受他们的悲壮。

因此,北固楼的主题可以用四个字来概括:慷慨悲歌。

赔了夫人又折兵

我在上文讲过,据镇江当地学者推测,北固楼可能是东吴时建的。东晋时,蔡谟用它来储藏军用物资。那么,在东晋之前,也就是在东吴时期,它又是用来做什么的呢?在《江南名城镇江》这本书里,有这样几句话:

> 在后峰绝高处有祭江亭,又名北固亭。

这个后峰就是指北固山的后峰。北固山有前峰、中峰和后峰。东吴时兴建的铁瓮城在前峰,祭江亭则在后峰。这本书接着讲:

> 相传三国时,孙夫人听到猇亭大战,刘备败退白帝城死去,悲痛万分,就身穿素服,赶到江边在这里遥祭刘备,跳江殉情,故称祭江亭。①

这段文字表明,这个祭江亭原来是为纪念孙夫人而建的。孙夫人曾经在这里遥祭刘备,又在这里跳江殉情。当地人为了纪念孙夫人,就在这里建了一个祭江亭。由于这个祭江亭是建在北固山上,而北固山在当时又没有别的亭子,因此又叫它北固亭。

---

① 姚元龙、王玉国主编:《江南名城镇江》,江苏人民出版社2002年版,第38页。

我在上文讲过，无论是北固亭，还是北固楼，都是指同一个建筑。而北固亭或者北固楼的前身，就是祭江亭。讲北固楼必须讲祭江亭，不然就搞不清这个建筑的来龙去脉。

祭江亭（摄影：石小刚）

据镇江当地学者介绍，这个祭江亭是清代道光年间兴建的，早已不是最初的那个祭江亭了。但是人们一看到它，就会想到孙夫人的故事。那么，这个孙夫人又是什么人呢？她为什么会在北固山上祭奠刘备呢？

孙刘联姻的历史依据

这个孙夫人，就是刘备的夫人，孙权的妹妹。关于刘备和孙夫人的故事，在《三国志》裴松之注所引《赵云别传》中，有这样一条记载：

> 先主孙夫人以权妹骄豪，多将吴吏兵，纵横不法。先主以云严重，必能整齐，特任掌内事。①

先主就是刘备。这段话的意思是，刘备的孙夫人倚仗自己是孙权的妹妹，骄纵奢华。她手下的人都是从东吴带来的小吏和士兵，往往违法乱纪。刘备认为，赵云为人严谨而稳重，必能管束孙夫人带来的这些人，因此特命他掌管宫内事务。

那么，孙夫人当初又是怎么嫁给刘备的呢？《三国志·蜀书·先主传》中有这样一条记载：

> 琦病死，群下推先主为荆州牧，治公安。权稍畏之，进妹固好。②

这个婚姻有这样一个背景。荆州刺史刘表死后，幼子刘琮继任。刘琮胆小没主见，就派人向曹操请降。诸葛亮得知消息后，就建议刘备攻打刘琮，这样就可以得到荆州。刘备说，他跟刘表是本家兄弟，于心不忍。怎么办呢？刘备就上奏朝廷，建议立刘表的长子刘琦为荆州刺史。赤壁之战后，刘琦病死。刘琦死后，刘琦的手下推举刘备为荆州牧（就是荆州刺史）。刘备没有拒绝，做了荆州牧，还把荆州的治所由襄阳迁到公安。这样孙权就有些害怕了，因为刘备毕竟是一代枭雄啊，此人一旦有了地盘，今后的麻烦就大了。怎么办呢？孙权就把自己的妹妹嫁给刘备，借以巩固孙、刘关系。因此孙刘联姻乃是一桩政治婚姻。

以上这两条记载表明，孙刘联姻在历史上确有其事。而且把妹妹嫁

---

① 陈寿著、裴松之注：《三国志·蜀书·赵云传》引《赵云别传》，浙江古籍出版社2000年版，第588页。

② 陈寿著、裴松之注：《三国志·蜀书·先主传》，浙江古籍出版社2000年版，第548页。

给刘备,还是孙权主动提出来的。但是在《三国演义》里,孙权把妹妹嫁给刘备就成了周瑜用的一个美人计。这个美人计有没有一点历史依据呢?还是有一点的。据《三国志·吴书·周瑜传》记载,刘备做了荆州牧之后,就到东吴的铁瓮城来见孙权,这时周瑜就给孙权出了一个主意。他说,刘备乃一代枭雄,又有关羽、张飞这样的熊虎之将辅佐,必定不会久居人下。他建议:

> 宜徙备置吴,盛为筑宫室,多其美女玩好,以娱其耳目,分此二人,各置一方,使如瑜者得挟与攻战,大事可定也。①

意思是说,要把刘备软禁在东吴,给他建豪宅,多安排一些美女来侍候他,多准备一些金银、珠宝、古玩、宠物供他娱乐消遣,这样就可以消磨他的斗志,还可以把他和关羽、张飞二人分开,让他们各处一方,不能相互照应。然后,再派像我周瑜这样的人挟持刘备而与关、张交战,如此这般,大事可定。

周瑜说的"大事可定"是指什么呢?其实就是夺回刘备所占有的荆州南部四郡。东汉末年的荆州一共是九个郡,也就是所谓"荆襄九郡"。赤壁之战后,曹操占据长江以北的南阳、襄阳、南郡、南乡四郡,刘备占据长江以南的零陵、桂阳、长沙、武陵四郡,东吴占据南北之间的江夏郡的南部,江夏郡的北部仍然是曹操占领。东吴觉得赤壁一战,自己投入的兵力和财力远远多过刘备,但是自己得到的好处太少,反倒是让刘备占了大便宜。因此要把刘备占据的荆州南部四郡夺回来。

我在这里要强调一下,无论是曹操、孙权,还是刘备,无论是早先的赤壁之战,还是后来的夷陵之战,其重点目标都是为了抢占荆州。

---

① 陈寿著、裴松之注:《三国志·吴书·周瑜传》,浙江古籍出版社2000年版,第772页。

谁占有荆州，谁就有统一天下的可能。遗憾的是，一部三国大戏演到最后，谁都没能独占荆州。因此曹操、孙权、刘备的统一之梦，都成了泡影。

周瑜的这个建议，到了后来的小说《三国演义》里，就成了一个绘声绘色、扣人心弦的美人计。

周瑜错用美人计

小说《三国演义》第五十四回写道：刘备的甘夫人去世的时候，周瑜正在柴桑（今江西九江）操练水军，他得知这个消息后，好生欢喜。他对鲁肃说："吾计成矣！使刘备束手就缚，荆州反掌可得！"鲁肃问："计将安出？"①

周瑜说：刘备丧妻，必将再娶。主公有一个妹妹，性情极其刚勇。她身边有数百个侍女，平时都带着刀。她的房间里摆满了各种兵器。我现在就上书主公，派人去荆州说媒，让刘备来东吴入赘。把刘备骗到南徐（今江苏镇江），让他妻子得不到，人却进了牢房。然后再派人去讨荆州，用荆州换刘备。等他们交割了荆州城池，我另有主意。

说完，周瑜就写了一封信交给鲁肃，又安排一只快船送鲁肃到南徐，让他马上去见孙权。

鲁肃到了南徐，见到孙权，递上周瑜的信。孙权看了，什么反应呢？小说用了四个字：

---

① 罗贯中著：《三国演义》第五十四回，长江文艺出版社2000年版，第317页。

点头暗喜

所谓"点头暗喜",就是赞成周瑜的这个美人计嘛,就是同意拿自己的妹妹去做诱饵嘛。于是孙权立刻挑选媒人,让他过江去见刘备。

刘备听了媒人的一番花言巧语,就去和诸葛亮商量。

诸葛亮说:"主公,你只管答应他。"

刘备说:"周瑜想用美人计害我,这不是明摆着的事吗?我怎么能轻易进入那个危险之地呢?"

诸葛亮说:"周瑜虽能用计,怎能出我之所料?我略施小计,就可以让周瑜半筹莫展。主公放心!吴侯小妹,定属主公,荆州万无一失。"

诸葛亮又把赵云叫来,悄悄对他说:"你随主公一道过江,要确保主公的安全。我给你三个锦囊,你可依次而行。"

刘备带着赵云,还有十只快船,五百个军士,一起到了南徐。在旅馆住下之后,赵云打开了第一个锦囊。

第二天,刘备带上礼物,去拜访乔国老。

乔国老是什么人呢?他可不是一般的人。他是大乔和小乔的父亲。大乔是孙权的哥哥孙策的妻子,小乔是周瑜的妻子,因此这乔国老与孙权的母亲吴国太就是亲家,是在吴国太跟前很有面子的人。刘备拜访乔国老,取得乔国老的支持,就可以取得孙权的母亲吴国太的支持。

当刘备带着礼物去拜访乔国老的时候,那随行的五百军士在干什么呢?他们并没有闲着。他们一个一个地披红挂彩,去南徐的大小商店采办结婚用品。采办结婚用品为什么要披红挂彩呢?就是要吸引眼球,让全城的人都知道。

果然,不到一天时间,全城的官员百姓都知道孙权要嫁妹妹了。

话说那乔国老见了刘备,又收了他的礼物,于是就去见吴国太。原来吴国太完全被蒙在鼓里,一点消息都不知道。一旦得知真相,她就让人把孙权叫来,当着孙权的面大哭。

孙权问:"母亲为何烦恼?"

吴国太说:"你心里还有我这个母亲吗?男大当婚,女大当嫁,古今常理。你要把妹妹嫁给刘玄德,怎么不跟我打声招呼?"

孙权还在装,说:"母亲这话从何说起?"

吴国太说:"要想人不知,除非己莫为。满城的官员百姓,哪个不知?你到现在还瞒我?"

孙权知道瞒不住了,就说:"这是周瑜的主意。他要取荆州,就以此为名,把刘玄德骗到江东,软禁起来,然后拿刘玄德换荆州。如果刘玄德不从,就杀了他。母亲大人,这是一个计谋,不是真的要把妹妹嫁给他。"

吴国太一听,大怒不已,破口大骂:"周瑜做了六郡八十一州的大都督,居然拿不出一个好计策来取荆州,居然要拿我的女儿去行美人计!你们杀了刘备,我的女儿就成了寡妇,将来还怎么嫁人?这不是误了我女儿的一生吗?"

乔国老也跟着附和:"如果用这种办法取荆州,即便得到了荆州,也要被天下人耻笑。"

听了吴国太和乔国老的这一番话,孙权就不再申辩了,只有默默无语。

但是吴国太还在不住口地骂周瑜。这个时候,乔国老就出来斡旋了。

乔国老说:"如今满城的人都知道了,再怎么瞒也瞒不住了。不如真的招赘刘玄德为婿,免得出丑。"

孙权说:"恐怕年纪不合适。"

乔国老说:"刘玄德乃汉室宗亲,当今豪杰。如果招得这个女婿,也辱没不了令妹。"

吴国太说:"我还没有见过刘玄德呢。明天约他在甘露寺相见。如果不中我意，随便你们怎么办；如果中我意，我就做主把女儿嫁给他。"

请大家注意，吴国太约见刘玄德的地点，也就是所谓甘露寺。其实在东吴的时候，北固山上还没有甘露寺，甘露寺是唐代建的。

甘露寺（摄影：石小刚）

那么，吴国太约见刘备的地方在哪里呢？我认为，只能是在铁瓮城，因为铁瓮城是东吴的都城，吴国太就住在铁瓮城里。铁瓮城在哪里呢？就在北固山的前峰。

铁瓮城遗址

话说那天吴国太见到了刘玄德，果然是两耳垂肩，双手过膝，仪表非凡。吴国太好生欢喜。她说："这真是我的女婿啊！"

乔国老也说："玄德有龙凤之姿，天人之表，而且仁德布于天下。国太得此佳婿，真是可喜可贺也！"

下面的故事就不用讲了吧？做丈母娘的看中了这个女婿，做内兄的反对还有用吗？孙权只有眼睁睁地看着这出戏弄假成真，让刘备和妹妹正式结婚。

那么，刘备和孙权的妹妹结婚之后，两人的感觉又如何呢？幸福指数高不高呢？《三国演义》用了四个字来描述：

两情欢洽

两情都到"欢洽"的程度了，那还有什么好说的？孙权只有派人去柴桑问周瑜："下一步该怎么办？"周瑜完全没有想到会弄假成真，他大为吃惊，行坐不安。想了半天，又生一计：

软困之于吴中，盛为筑宫室，以丧其心志；多送美色玩好，以娱其耳目。①

这一条与《三国志》的记载是相吻合的。也就是说，用糖衣炮弹来打刘备。这一条还真的管用。刘备本是一个编席子、卖草鞋的人，出身贫寒，后来又四处奔波，哪里享受过这等豪华？小说写道：

玄德果然被声色所迷，全不想回荆州。②

这下就麻烦了。乐不思蜀了。于是，赵云打开了诸葛亮交给他的第二个锦囊。

---

①② 罗贯中著：《三国演义》第五十五回，长江文艺出版社2000年版，第322页。

第二天，赵云去见刘备。赵云说："今天早上，孔明派人来报，说曹操要报赤壁之战之仇，起精兵五十万，正向荆州杀奔而来，甚是危急。"

　　刘备一听，立刻就醒悟了。于是就坐在房间里，默默地流泪。我们知道，刘备的拿手好戏，就是流泪。俗话说："刘备的江山是哭来的。"这话一点不假。

　　这时，孙夫人就进来了，问："夫君为何烦恼？"

　　刘备说："我出来这么久了，既不能侍奉双亲，又不能祭祀祖宗，乃大逆不孝之人也。现在又快要过年了，因此郁闷。"

　　孙夫人说："你不用瞒我了。我刚才在门外已经听到赵子龙的话了，荆州危急，你想回去。"

　　刘备说："既然夫人已经知道了，我就不相瞒了。我若不回去，荆州有失，会被天下人耻笑；我若回去，又舍不得夫人，因此烦恼。"

　　孙夫人说："我既然已经是你的人，自当随你一起回荆州！"

　　刘备说："夫人好心，我心领了。只是国太和吴侯，怎么会同意你跟我走呢？"

　　孙夫人说："夫君放心！我这就去跟母亲说。我只说，刘备离家日久，父母去世多年，现在又快过年了，想去江边祭拜一下。我不提回荆州的事。我也不跟哥哥讲。"

　　这一招，还真管用。吴国太对孙夫人说："儿啊！你这是尽孝道啊，我怎么会不同意呢？你就陪你丈夫去江边祭拜一下吧！"

　　于是刘备就骑上马，让孙夫人坐上车，带上金银细软，到江边与赵云还有那五百个军士会合。

　　第二天，孙权得知走了刘备，就派一千五百个精兵去追赶。还取下自己身上的佩剑，对两个领兵的将军说："你们两个拿我这口剑，去取我妹妹和刘备的人头来！违令者斩！"

话说那刘备带着孙夫人，在赵子龙和五百个军士的护卫之下，日夜兼程，来到柴桑地界（也就是九江境内），正准备过江时，发现孙权派的追兵快到跟前了。刘备带着孙夫人转过一个山脚，又发现有一队人马拦住去路，原来是周瑜手下的两员大将徐盛和丁奉到了。这两人横刀立马，大声喝道："刘备早早下马受缚，吾等奉周都督之命，等候你多时了！"

刘备问赵云："前有拦截，后有追兵。前后无路，如何是好？"

赵云说："主公休慌，我这里还有军师给的第三个锦囊。"

赵云把锦囊打开，递给刘备。刘备看了，急忙来到孙夫人的车前，哭着说道："刘备有心腹之言，要对夫人讲。"

孙夫人说："丈夫有何言语，尽管说！"

刘备说："当日吴侯与周瑜同谋，让夫人招刘备为婿，并非为了夫人，而是想囚禁刘备，夺取荆州。一旦夺了荆州，必杀刘备。他们不过是拿夫人作诱饵。刘备之所以有胆量来东吴，是因为刘备知道，夫人有男子胸襟，必能可怜刘备。昨天得知吴侯要加害刘备，因此假托荆州有难，希望能够逃出虎口。幸得夫人不弃，同行到此。现在，吴侯令人追赶，周瑜又派人挡在前边，在这个时候，就只有夫人能救刘备了。如果夫人不答应，刘备愿意死在夫人面前，以报夫人之德！"

孙夫人一听，红颜大怒。她说："既然兄长不把我当亲骨肉，我还有什么必要再去见他？今天这事，我来处理！"于是，叫人把车推到阵前，掀起帘子，大声喝道："徐盛！丁奉！你们两个想造反吗？"

徐、丁二人慌忙下马，弃了手上的兵器，来到孙夫人车前，拱手回复："岂敢造反！我们是奉周都督之命，屯兵在此，专候刘备！"

孙夫人勃然大怒。"周瑜逆贼！我东吴不曾亏待你！刘玄德是我丈夫，我已对母亲和哥哥说好，随丈夫回荆州去。你们两个引着军马拦我道路，是想劫我夫妻的财物吗？"

徐、丁两个连忙说:"不敢!不敢!请夫人息怒。这不关我们的事。我们只是奉周都督之命。"

孙夫人训斥道:"你们只怕周瑜,难道不怕我?周瑜杀得你们,我难道杀不得周瑜?"

徐、丁二人一想:我等是下人,怎敢违抗夫人?又看见赵云怒目圆睁,只待厮杀。于是只好放开大路,让刘备、孙夫人过去。

后边的故事就不用讲了。刘备在诸葛亮、关云长、黄忠、魏延诸人的接应之下,带着孙夫人回到荆州。周瑜用尽心机,甚至后来亲自带兵来追赶,也无济于事,只落得两句一直流传到今天的歌谣:

周郎妙计安天下,赔了夫人又折兵。[①]

一错再错,美人投江

周瑜是一个文武双全的人。在《三国演义》一书中,周瑜也成功地用过几个计谋,例如"蒋干中计""黄盖受刑"等,但是,他用的这个"美人计"绝对是一个很糟糕的计谋。为什么这样说呢?

在古代的"三十六计"中,确实有一个"美人计":

兵强者,攻其将;将智者,伐其情。[②]

对兵力强大的敌人,要去制服他的将帅;对足智多谋的将帅,要设

---

① 罗贯中著:《三国演义》第五十五回,长江文艺出版社2000年版,第325页。
② 李炳彦编:《三十六计新编》,战士出版社1981年版,第93页。

法腐蚀他的战斗意志。

用美人计，就是用女色腐蚀对方。但是这里有一个前提，就是这个美人得听你指挥。就像钓鱼要用诱饵，但是这个诱饵必须由钓鱼的人来操控。如果诱饵不受钓鱼的人操控，反倒跟着鱼跑了，那你还能钓到鱼吗？用美人计也是这样，如果美人不听你指挥，反倒跟着对方跑了，你这个美人计就失败了。

请大家想一想，周瑜用的这个美人计中的美人是听他指挥的吗？我们不妨回顾一下孙夫人骂周瑜的话：

周瑜逆贼！我东吴不曾亏待你！①

再回顾一下孙夫人骂徐盛、丁奉的话：

你只怕周瑜，独不怕我？周瑜杀得你，我岂杀不得周瑜？②

这几句话就足以表明：谁是主人，谁是打工的。你周瑜再能干，在孙家人那里也不过是个打工的。你一个打工的，居然拿主人做诱饵去行美人计，这岂不是从一开始就大错特错了吗？

据我的理解，诸葛亮正是抓住了周瑜这个美人计的致命弱点，才鼓励刘备去东吴的。

当然，历史上的周瑜是没有这么糊涂的。历史上的周瑜只是说要用美女、玩好来腐蚀刘备，至于选择什么样的美女，周瑜并没有讲。我想他无论如何也不会想到孙权的妹妹。

《三国演义》中的这出美人计，完全是说书人编造的。编造得很热闹，很好看，其实是禁不住推敲的。也就是说，拿主人的妹妹去做诱饵

---

①② 罗贯中著：《三国演义》第五十五回，长江文艺出版社2000年版，第324页。

是《三国演义》的错误，不是历史上的周瑜的错误，也不是孙权本人的错误。

不过，话说回来，历史上的孙权在刘备和孙夫人的婚姻问题上，也确实犯过一个错误。《三国志·赵云传》裴松之注引《赵云别传》说：

> 权闻备西征，大遣舟船迎妹，而夫人内欲将后主还吴，云与张飞勒兵截江，乃得后主还。①

对于这样一条历史资料，《三国演义》当然是照搬不误了。这就是小说第六十一回写的"赵云截江夺阿斗"。

其实，无论是就历史记载而言，还是就小说《三国演义》的描写而言，孙权接妹妹回东吴，绝对是一个错误，可以说是一错再错。试问，你把她接回来干什么？让她守活寡吗？

后来，刘备西征巴蜀成功，把荆州交给关云长把守，而关云长由于主客观方面的诸多原因，不仅失了荆州，他自己也被东吴人杀害了。关云长死后，刘备起兵为他报仇，被东吴大都督陆逊大败于猇亭（今湖北宜昌市猇亭区境内），最后死在白帝城。这就是继赤壁之战后的又一次大战：猇亭之战，又叫夷陵之战。

《三国演义》第八十四回写道：

> 时孙夫人在吴，闻猇亭兵败，讹传先主死于军中，遂驱车至江边，望西遥哭，投江而死。②

孙夫人投江而死之后，人们同情她的不幸，就在她投江的地方建了

---

① 陈寿著、裴松之注：《三国志·蜀书·赵云传》引《赵云别传》，浙江古籍出版社2000年版，第588页。
② 罗贯中著：《三国演义》第八十四回，长江文艺出版社2000年版，第500页。

一个祭江亭。据《江南名城镇江》介绍,这个祭江亭又叫北固亭。[①]而历史上的北固亭与北固楼,其实就是一个建筑。因此,这个祭江亭很有可能就是北固楼的前身。

  需要说明的是,历史上的孙夫人究竟是怎么死的,史书上并无记载。所谓孙夫人在江边遥祭刘备之后投江而死的说法,最早是来自民间传说,后来小说《三国演义》和戏剧《甘露寺》等作品又加以广泛传播,因此影响就大了。

  孙夫人是一个性情刚烈而又不乏柔情的人,是一个很有个性的人。她不幸做了政治和军事斗争的牺牲品。但是,她是爱刘备的,她对爱情和婚姻是忠贞的。她的不幸和忠贞,赢得了人们的广泛同情和肯定。正是由于这种同情和肯定,才有了祭江亭,也就是有了最早的北固楼。

  总之,镇江的这个北固楼有着太多的故事,这些故事又多与南北战争、南北统一联系在一起,因此都显得悲壮、慷慨。

[①] 姚元龙、王玉国主编:《江南名城镇江》,江苏人民出版社2002年版,第38页。

〔关于北固楼的问答〕

一、北固楼所在的北固山，在古代具有怎样的战略地位呢？

北固山在古代是一个兵家必争之地。守住北固山，就可以控制镇江；而控制了镇江，就可以控制整个东南地区。正是由于这个原因，东吴的都城"铁瓮城"就建在北固山的前峰；也正是由于这个原因，梁武帝萧衍称北固山为"天下第一江山"。

二、与其他观景名楼相比，北固楼有哪些独特之处？

历史上的北固楼也是屡毁屡建，仅仅在南宋就重建了三次。今天我们看到的北固楼是2013年重建的。这个楼最独特的地方就是整座楼只用了两根钢材，其他的全是实木。它的梁柱都是榫卯结构，没有使用一根铁钉。

三、登上北固楼可以看到怎样的美丽风景呢？

辛弃疾的《南乡子·登京口北固亭有怀》写道："何处望神州？满眼风光北固楼。"登上北固楼可以看到满眼风光。往北看，可以看到长江以及长江对岸的扬州，往西南、南边看，可以看到著名的金山、焦山、南山，还有千年古城镇江。

燕子楼

【永遇乐】 苏轼

夜宿燕子楼,梦盼盼,因作此词。

明月如霜,好风如水,清景无限。曲港跳鱼,圆荷泻露,寂寞无人见。紞如三鼓,铿然一叶,黯黯梦云惊断。夜茫茫、重寻无处,觉来小园行遍。

天涯倦客,山中归路,望断故园心眼。燕子楼空,佳人何在?空锁楼中燕。古今如梦,何曾梦觉,但有旧欢新怨。异时对、黄楼夜景,为余浩叹。

燕子楼中霜夜长

刘禹锡的《陋室铭》写道:"山不在高,有仙则名;水不在深,有龙则灵。"中华名楼也是这样,它们不一定都那么高端大气,巍峨壮观,有的名楼的楼体其实是比较小的,但是由于在这里产生了脍炙人口的佳作或者动人心魄的故事,它们的名气同样很大。因此,我们可以套用《陋室铭》的话说:楼不在大,也不在高,有佳作则名,有故事则名。

在古城徐州,就有这样一座造型别致的二层小楼,叫燕子楼,可以说是天下闻名。燕子楼之所以天下闻名,是因为在这里产生了多篇脍炙人口的佳作,而在这些佳作的背后,更有一个令人感伤的故事。

燕子楼

燕子楼的来历

燕子楼，本是唐代徐州刺史兼武宁军节度使张愔府第的一座小楼，由于它的飞檐挑角就像展翅飞翔的燕子，又经常有燕子在这里栖息，因此就叫燕子楼。

据徐州当地的文史学者介绍，最早的燕子楼，是在唐代徐州官署的后院，也就是在今天的徐州市彭城路1号这一带。

同所有的中华名楼一样，历史上的燕子楼也是屡毁屡建。今天我们所见到的燕子楼是1985年重建的，坐落在徐州市云龙公园内的知春岛上。

讲到燕子楼，就要讲到这座楼的女主人关盼盼。关盼盼是个什么人呢？许多书上都有记载。我们以《全唐诗》为例。《全唐诗》第八〇二卷收录了关盼盼的四首半诗，还有一个"关盼盼小传"。这个小传这样写道：

> 关盼盼，徐州妓也。张建封纳之。张殁，独居彭城故燕子楼。历十余年。白居易赠诗讽其死，盼盼得诗，泣曰："妾非不能死，恐我公有从死之妾，玷清范耳。"乃和白诗。旬日不食而卒。诗四首。①

这个小传，构成了一个相对完整的关于燕子楼与关盼盼的故事。《全唐诗》是一部非常有影响的文学古籍，可以说，《全唐诗》的传播范围有多广，这个故事的传播范围就有多广。

事实上，燕子楼与关盼盼的故事不仅流传得广，而且流行得早。早在白居易的时代就开始流行了，至今已经流行一千一百多年。唐宋以来

---

① 《全唐诗》卷八〇二，中华书局1960年版，第9023页。

的诗词,元明清以来的小说、戏剧,一再地写,一再地演唱。因此,燕子楼与关盼盼的故事不仅在徐州家喻户晓,在全国各地,在海外华人中间,甚至在日本,都有很大的影响。许多人一说到徐州,就会说到燕子楼,就会说到关盼盼。

这是一个令人感伤的故事。一个能歌善舞又懂诗的美女对爱情如此的忠贞,在爱人死了之后,发誓不再嫁人,在与爱人共同居住过的那座小楼上独居了十多年,茕茕孑立,形影相吊;春花秋月,暮去朝来。而诗人白居易居然如此多事,问她为什么不能随爱人去死?她流着泪,回了白居易一首诗,为她自己做了一点辩护,然后就开始绝食。十天之后,香消玉殒。

人们在深切同情和怀念关盼盼的时候,也不免对白居易表示严重的质疑,甚至是道德拷问:白居易呀白居易,你不是一个写出了《长恨歌》和《琵琶行》这样的传世名作的诗人吗?你不是一个很富有同情心的诗人吗?你不是一个很懂爱情的诗人吗?你怎么就这么道学呢?你怎么能忍心让一个多才、多艺、多情的美女去死呢?

应该说,正是关盼盼在燕子楼的十多年独居,以及人们对她的深切同情和怀念,丰富了燕子楼的文化内涵,使它成为一个具有感恩和感伤色彩的文化符号。

问题是,这个小传所记载的关盼盼事迹是否真实可靠呢?可以说,亦虚亦实,亦真亦幻。有真实的成分,也有想象的成分,更有误会的成分。今天我们讲燕子楼和关盼盼,至少有三个问题是必须加以澄清的。第一,关盼盼究竟是个什么样的人?第二,白居易为什么要写关盼盼?第三,白居易究竟有没有劝关盼盼去死?

关盼盼其人

关于关盼盼事迹的记载,最早的也是最权威的史料,是白居易的《燕子楼三首并序》。后来所有的关于关盼盼事迹的记载,所有写关盼盼的诗词、小说和戏剧,都是以白居易的《燕子楼三首并序》为蓝本的。因此,要了解关盼盼故事的真相,必须了解白居易的《燕子楼三首并序》。白居易在其序言中写道:

> 徐州故张尚书有爱妓曰盼盼,善歌舞,雅多风态。予为校书郎时,游徐、泗间,张尚书宴予。酒酣,出盼盼以佐欢,欢甚,予因赠诗云:"醉娇胜不得,风袅牡丹花。"一欢而去,尔后绝不相闻,迨兹仅一纪矣。①

通过这个序言,我们得知关盼盼原是徐州的一个歌妓,后来"故张尚书"把她赎出来,纳她为妾。从这一点来看,《全唐诗》的"关盼盼小传"是没有错的。问题是,这个"故张尚书"究竟是谁?

据《新唐书》和《旧唐书》等官修史书记载,在唐代的徐州,曾经有两个姓张的刺史后来晋升为尚书。一个是张建封(735—800),由徐州刺史晋升为礼部尚书,另一个是张建封的儿子张愔(?—806),由徐州刺史晋升为兵部尚书。那么,这个纳关盼盼为妾的张尚书,究竟是父亲张建封,还是儿子张愔呢?据考证,应该是张愔,而不是张建封。因为,白居易开始任校书郎是在贞元十九年(公元803年),②这个时候,张建封

---

① 白居易:《燕子楼三首并序》,《全唐诗》卷四三八,中华书局1960年版,第4869页。
② 朱金城:《白居易年谱》,上海古籍出版社1982年版,第25页。

已经死了三年了。死了三年的老尚书张建封怎么可能宴请新任校书郎的白居易呢?而就在白居易任校书郎的最后一年,即元和元年(公元806年),张愔由徐州刺史晋升为兵部尚书。因此,这个宴请校书郎白居易的人就只能是张愔,而不是张建封。也就是说,这个关盼盼是张愔的爱妾,而不是张建封的爱妾。过去许多文献资料,包括《全唐诗》中的"关盼盼小传",都说关盼盼是张建封的爱妾,这无疑是错误的。

关盼盼

据《新唐书》和《旧唐书》等官修史书记载,张建封任徐州刺史长达十年,张愔任徐州刺史长达七年。父子两人都很能干,都把徐州的民事和军事治理得很好,都得到了朝廷的嘉奖和老百姓的称赞,都是好官。但是,无论是《旧唐书》还是《新唐书》,都没有讲到他们父子的私生活。[1]

---

[1] 刘昫等撰:《旧唐书·张建封传》,中华书局1975年版,第3828—3832页;欧阳修、宋祁撰《新唐书·张建封传》(附张愔传),中华书局1975年版,第4939—4942页。

真正讲到张愔的私生活的，首先是白居易的《感故张仆射诸妓》这首诗：

> 黄金不惜买娥眉，拣得如花三四枝。歌舞教成心力尽，一朝身去不相随。①

这个张仆射也是指张愔。张愔死后，朝廷追赠右仆射，所谓右仆射，也就是尚书省的长官。白居易这首诗写于元和元年（公元806年），也就是张愔死的这一年。

通过这首诗，我们得知张愔还是一个很浪漫的人。他生前不惜重金买了四个如花似玉的女孩子回家，教她们歌舞。没想到张愔用尽心力教她们歌舞，刚刚教成，他自己就死了，可以说是无福消受。张愔一朝身亡，这四个女孩子也不可能随他而去，等于是白辛苦一场。

在这四个如花似玉的女孩子中，就有一个是关盼盼。张愔死后，其他三个女孩子都走了，只有关盼盼留下来了。关盼盼为什么会留下来呢？因为张愔已经纳她为妾。

关盼盼原是徐州的一个歌妓。古代的歌妓隶属于"娼籍"，从本质上来讲就是奴隶，她们是没有嫁人的自由的。关盼盼进张愔的家，最初就是歌妓的身份，后来才被张愔纳为妾。也就是说，张愔专门为她"脱籍"。她"脱籍"之后，再被纳为妾。

唐宋时代的歌妓很多，官员可以欣赏她们的歌舞才艺，但不得与她们胡来，不然就会受到谏官的弹劾与朝廷的处分。这样的例子是不少的。官员甚至可以花钱把歌妓买到家里来，成为他的"家妓"，但也只能欣赏她们的歌舞才艺，不能随便纳她们为妾。官员如果想纳自己家里的歌妓

---

① 《全唐诗》卷四三六，中华书局1960年版，第4834页。

为妾,也必须得到官府的同意,去官府为她"脱籍",使她成为自由人。

关盼盼就是这样一个已经"脱籍"的自由人。她为什么会有这种幸运呢?大约有以下几个原因:

第一,美丽。不仅美丽,而且"雅多风态",很有风情。

第二,能歌善舞。她的保留节目就是杨贵妃最擅长的那个《霓裳羽衣舞》。

第三,烹调高手。据《徐州掌故》这本书介绍,关盼盼最擅长两道徐州名菜:一个是"油淋鱼鳞鸡",一是个"葱烧孤雁"。清朝有个叫钱食芝的书画家和诗人,他在写到燕子楼和关盼盼时,有这样两句诗:

千年故事已成古,名楼佳肴传世人。①

第四,懂诗。有的书上讲,在张愔死后,关盼盼写了三百首诗。不过这些诗都没有留传下来。《全唐诗》第八〇二卷所收录的那四首半诗,都不是关盼盼写的,其中有三首是张仲素写的,还有一首半则是宋代人的伪作。关盼盼究竟会不会写诗,我不敢肯定;但关盼盼懂诗,这是可以肯定的。

由于这些原因,张愔非常爱她。由于非常爱她,张愔才会为她"脱籍",纳她为妾。遗憾的是,张愔纳关盼盼为妾之后,没过多久就死了。张愔死后,与关盼盼一同进来的那三个歌妓都走了,但是关盼盼没有走。她留下来了。其实,关盼盼是可以走的。因为她已经脱籍了,已经是自由人了,她是可以再嫁的。但她没有再嫁。为什么呢?白居易的《燕子楼三首并序》继续写道:

绘之从事武宁军累年,颇知盼盼始末。云尚书既没,归

---

① 王贵增、赵明奇编著:《徐州掌故》,中华书局2005年版,第102—103页。

葬东洛，而彭城有张氏旧第，第中有小楼名燕子。盼盼念旧爱而不嫁，居是楼十余年，幽独块然，于今尚在。①

这个绘之，就是诗人张仲素。他是张愔的堂弟，名仲素，字绘之。他早年曾在武宁军节度使幕府任判官。武宁军是唐代的一个地方军区，治所在徐州，武宁军的节度使就是张愔。张愔当时的职务是徐州刺史兼武宁军节度使，也就是徐州的军政一把手。张仲素既是张愔的堂弟，又是张愔的部下，他当然熟悉关盼盼故事的来龙去脉。据张仲素讲，关盼盼在张愔死后十余年都没有再嫁，是因为"念旧爱而不嫁"。所谓"念旧爱而不嫁"，有两层意义：一是爱，二是感恩。或者说，关盼盼对张愔的爱情包含着感恩的成分。既爱又感恩，既感恩又爱，这个爱情就非同一般了。

关盼盼进张府之前，是一个歌妓。在成为歌妓之前是什么人呢？据《徐州览胜》这本书讲：

关盼盼本是徐州乡下人。只因一场瘟灾，父母双亡，12岁上就被人贩子拐卖进了烟花巷。②

当然，这只是一个传说。但是这个传说靠不靠谱呢？我认为是靠谱的。因为古代歌妓的来源主要就是这四种：一是朝廷罪犯的女儿，二是俘虏的家属，三是破产农民的女儿，四是被坏人拐骗入娼籍的良家女子。关盼盼就属于第四种。

总之，关盼盼以前的遭遇，毫无疑问是非常不幸的。张愔为她"脱籍"，使她成为自由人，又纳她为妾，和他共同生活。这对她来讲，就是一种

---

① 《全唐诗》卷四三八，中华书局1960年版，第4869页。
② 王林绪等主编：《徐州览胜》，南京大学出版社1991年版，第56页。

恩德。张愔死后,她"念旧爱而不嫁",这是可以理解的,也是值得尊重的。

南宋末年,元兵南下,文天祥率军奋力抗元,后来在岭南兵败被俘,被元军押往燕京(今北京)。由于元世祖忽必烈非常欣赏文天祥的才干,押送他的元军对他是很优待的,经过徐州时,还让他在这里逗留了好几天,看了许多名胜古迹,其中就有燕子楼。看过燕子楼之后,他写了一首《吊盼盼诗》:

> 自别张公子,婵娟不下楼。
> 遂令楼上燕,百岁称风流。
> ……
> 娥媚代不乏,埋没安足论?
> 因何张家妾,名与山川存?
> 自古皆有死,忠义常不没。
> 但传美人心,不说美人色。①

在文天祥这位民族英雄看来,关盼盼就是一个忠义之人。当然这个"忠义"不是指君臣关系,而是指夫妻关系,也就是说,关盼盼是一个忠于爱情的人,是一个有情有义的人,因此她的名字就可以与山川共存。

而在清朝同治年间编纂的《徐州府志》里,关盼盼还被收进了"烈女传"。②这说明在当地人看来,关盼盼并不同于一般的美女,而是一个懂得感恩的对爱情忠贞不二的美女。他们的认识与文天祥是一致的。

---

① 引自赵明奇主编《徐州府志》(新千年整理全本),中华书局2009年修订版,第1606页。

② 赵明奇主编:《徐州府志》(新千年整理全本),中华书局2009年修订版,第1606页。

白居易为何要写关盼盼

《全唐诗》的"关盼盼小传"说:"白居易赠诗讽其死"。其实,白居易并没有赠诗给关盼盼。他的《燕子楼三首》是写关盼盼的,但不是写给关盼盼的。写给谁的呢?写给张仲素的。白居易的《燕子楼三首并序》接着写道:

> 昨日司勋员外郎张仲素绘之访予,因吟新诗,有《燕子楼三首》,词甚婉丽。诘其由,为盼盼作也。……予爱绘之新咏,感彭城旧迹,因同其题,作三绝句。①

这个昨日,就是张愔死后十余年的某一天。这一天,已经是司勋员外郎的张仲素到长安拜访白居易,向白居易讲述了关盼盼这十余年的遭遇,并把自己写的《燕子楼三首》拿给白居易看。于是白居易就决定写一写关盼盼。

白居易之所以要写关盼盼,有两个原因:

第一个原因是张仲素的《燕子楼三首》写得好,所谓"予爱绘之新咏"。我们不妨来看一看这三首诗:

> 楼上残灯伴晓霜,独眠人起合欢床。
> 相思一夜情多少?地角天涯不是长。
>
> 北邙松柏锁愁烟,燕子楼人思悄然。
> 自埋剑履歌尘散,红袖香消已十年。

---

① 《全唐诗》卷四三八,中华书局1960年版,第4869页。

适看鸿雁岳阳回,又睹玄禽逼社来。
瑶瑟玉箫无意绪,任从珠网任从灰。①

"北邙"就是邙山,是古代洛阳最著名的坟场,也是古人最理想的墓地。俗话说:"生在苏杭,葬在北邙。"张愔"归葬东洛",就是指葬在邙山。"剑履",就是"剑履上殿"。古代的重臣,地位尊贵,皇帝特许上殿时可以不解佩剑,不脱履(鞋子),以表示尊崇。所谓"自埋剑履",就是自从张愔死后。"社",在这里是指春社。"逼社",逼近春社。张仲素的这三首诗确实写得很好,它以关盼盼的口吻,写她"念旧爱而不嫁"的孤独与悲伤,风格婉约、清丽,非常感人。

第二个原因就是"感彭城旧迹"。白居易九岁那年,他父亲白季庚任彭城县令;十岁那年,他父亲任徐州别驾;十一岁那年,白居易来到父亲身边,住家符离,也就是出"符离烧鸡"的那个地方。唐代的符离是徐州管辖的一个县,今天是江苏宿迁的一个镇。白居易在符离前后住了六年。十七岁那年,他父亲改任衢州别驾,他才离开符离。②徐州学者认为,白居易的那首非常有名的诗《赋得古原草送别》就是十六岁的时候在符离写的。徐州古称彭城。白居易的"感彭城旧迹",一是有感于他少年时代在符离生活的那一段经历,二是有感于他任校书郎之后,游历徐州、泗州一带的那一段经历,包括张愔设宴款待他,让爱妾关盼盼为他表演歌舞。

由于这两个原因,白居易决定以同题同韵和张仲素的《燕子楼三首》。这三首诗虽然以关盼盼的故事为题材,但不是赠送给关盼盼的。

---

① 《全唐诗》卷三六七,中华书局1960年版,第4139页。
② 朱金城:《白居易年谱》,上海古籍出版社1982年版。

白居易可曾劝关盼盼去死

那么,白居易的《燕子楼三首》究竟写了些什么呢?他有没有劝关盼盼去死呢?我们且看作品:

满窗明月满帘霜,被冷灯残拂卧床。
燕子楼中霜月夜,秋来只为一人长。

钿晕罗衫色似烟,几回欲著即潸然。
自从不舞霓裳曲,叠在空箱十一年。

今春有客洛阳回,曾到尚书墓上来。
见说白杨堪作柱,争教红粉不成灰?①

第一首,写关盼盼十年中的某一个早起和失眠之夜。第二首,写张愔死后,关盼盼不再打扮,不再穿舞衣。第三首,通过墓上白杨与小楼红粉的对比,写人生的感伤,也就是"树犹如此,人何以堪"的意思。这三首诗体现了对关盼盼的深切同情,哪里有劝关盼盼去死的意思?

那么,白居易劝关盼盼去死,这个说法又是从哪里来的呢?据有关专家考证,这个说法最初出自五代人韦縠编的一个唐诗选本《才调集》。这本书把张仲素的"楼上残灯伴晓霜"一诗误题为"盼盼"作,然后北宋人张君房又附会白居易的《燕子楼三首并序》,编成故事载入《丽情集》这本书。再后来,南宋人计有功的《唐诗纪事》一书又采纳了《丽情集》

---

① 《全唐诗》卷四三八,中华书局1960年版,第4869页。

中的这个故事,并对白居易的《燕子楼三首并序》进行蓄意篡改:一是改"故张尚书有爱妓"为"张建封妓";二是改"为盼盼作也"为"乃盼盼作也",也就是把张仲素的《燕子楼三首》说成是关盼盼写的;三是在白居易诗序的基础上狗尾续貂:

> 后仲素以余诗示盼盼,乃反复读之,泣曰:自公薨背,妾非不能死,恐百载之后,人以我公重色,有从死之妾,是玷我公清范也,所以偷生尔。……盼盼得诗后,怏怏旬日不食而卒。①

这些话,白居易的序言中本来是没有的,全是计有功加上去的。这就叫胡编乱造。

可能有人会说,白居易主观上虽然没有劝关盼盼去死,但是他的有关诗句可能会让关盼盼联想到死。例如《感故张仆射诸妓》这首诗的后边两句:

> 歌舞教成心力尽,一朝身去不相随。

事实上,白居易这两句诗的本意是说,张愔用尽心力教几个女孩子歌舞,谁知刚刚把她们教成,他自己就死了,无福消受。而张愔一朝身亡,这几个女孩子也不可能随他而去,等于是白辛苦一场。所谓"黄金用尽教歌舞,留与他人乐少年"(司空曙《病中嫁女妓》),这本是对人生无常的一种感叹啊!还有《燕子楼三首》中的这两句:

> 见说白杨堪作柱,争教红粉不成灰?

这两句是说,张愔坟上的白杨树已经长得又粗又高了,可以用来作柱子了,关盼盼经历了十余年的伤痛与孤独,岂能不一脸的憔悴?岂能

---

① 计有功撰、王仲镛校笺:《唐诗纪事》(八),中华书局2007年版,第2522—2523页。

不灰头土脸？也就是说，这个"灰"字是灰头土脸的"灰"，不是烧成骨灰的"灰"。再说白居易是和张仲素的诗，张诗这一句的结尾用"灰"字，白诗也必须用"灰"字。

不过话说回来，也有可能关盼盼不像我们这样想问题。她是悲伤之人，孤独之人。人在悲伤和孤独中，原是想得很多的，原是很敏感的。她从"一朝身去不相随""争教红粉不成灰"这两句诗想到自己应该随张公而去，让自己变成一把骨灰，也不是没有可能的。

白居易本来是很同情关盼盼的，但是关盼盼从白居易的诗中想到了死，这又有什么办法呢？只能说，这是一件更令人同情和伤感的事情。

苏轼夜宿燕子楼

据徐州地方文献记载，关盼盼住过的燕子楼在历史上曾经屡毁屡建。之所以屡毁屡建，在我看来，原因有二：一是要表彰一个知道感恩的人，表彰一个对爱情忠贞不二的人。无论社会如何发展，懂得感恩，对爱情忠贞不二，都是人类的美德，都是值得赞美和纪念的。另一个原因，就是张仲素、白居易和苏轼等人写下了多首关于燕子楼的佳作。而重建燕子楼，也是为了纪念这些优秀作家和优秀作品。这是一种文学情怀。

说到这几位优秀作家，张仲素也好，白居易也好，都是唐代人，并且都是见过或者熟悉张愔与关盼盼的人，他们对关盼盼的绝代之情深表同情和伤感，都写了《燕子楼三首》，这是很自然的事情。诗人多情嘛！

苏轼就不一样了，他是北宋人，既不可能见到张愔，更不可能见到关盼盼。可是，他居然比张仲素和白居易还要多情，还要伤感。他不仅去了燕子楼，还在燕子楼上住了一晚，甚至还在这个晚上梦见了关盼盼！梦醒之后，他写了《永遇乐》这首词。词前还有一个小序：

    夜宿燕子楼，梦盼盼，因作此词。

词的结尾，则是这样几句：

    异时对、黄楼夜景，为余浩叹。[①]

[①] 苏轼《永遇乐》，唐圭璋编：《全宋词》（一），中华书局1965年版，第302页。

明明是夜宿燕子楼，怎么又扯到黄楼上去了呢？其实，燕子楼和黄楼都在徐州。黄楼还是苏轼主持兴建的。苏轼夜宿燕子楼的前一天，先登黄楼，在黄楼赏月。第二天再去燕子楼。

因此，要讲苏轼夜宿燕子楼，还得先讲苏轼建黄楼和登黄楼。要讲苏轼建黄楼和登黄楼，还得先讲苏轼在徐州领导的抗洪抢险。不然就讲不清事情的来龙去脉。

黄楼我所开

苏轼是中国第一流的文学家，也是一位很有责任感和领导能力的官员。宋神宗熙宁十年（公元1077年）四月至元丰二年（公元1079年）三月，苏轼在徐州做了两年的知州。

苏轼到任不到三个月，也就是熙宁十年七月七日，黄河在澶州（今河南濮阳）的曹村决口，洪水向东南灌流，平地水深一丈。十天之后，洪水到了徐州城下。两个月后，徐州城下水深三丈。与此同时，徐州城里又下大雨，日夜不停。城外有洪水，城里有内涝，内外夹攻，徐州的城墙眼看就要垮掉了，可以说是危在旦夕。徐州的富人争相逃出城外。

面对如此严峻的形势，苏轼表现出了一位卓越的地方领导人的气魄、才干和高尚品德，他在征询当地父老的意见之后，果断地采取了一系列措施：

第一，严禁富人出城。据苏辙所作《亡兄子瞻端明墓志铭》（以下简

称《墓志铭》)记载,苏轼明确表示:

> 富民若出,民心动摇,吾与谁守?吾在是,水决不能败城。①

我认为,在今天,这一条措施尤其值得借鉴。今天许多城市,一旦发生自然灾害,例如洪水、地震等,虽然也有一些富人留下来参与抢险救灾,但是我们也时常看到,最先跑掉的往往也是富人。因为富人有钱有办法啊,哪里不可以去?可是,你有没有想过,城市是谁的城市?是大家共同的城市,是大家共同的家园,城市一旦发生自然灾害,如果富人先跑了,难道把灾难都扔给穷人吗?苏轼的办法就是,严禁富人出城。有的富人已经出城了,怎么办?苏轼毫不犹豫地"驱使复入",派人把他们拦截回来。

第二,在洪水到达徐州之前,抢修一条长堤。苏轼亲自去当地驻军,动员军士修堤。据《墓志铭》记载:

> 公履屦杖策,亲入武卫营,呼其卒长,谓之曰:"河将害城,事急矣,虽禁军,宜为我尽力。"卒长呼曰:"太守犹不避途潦,吾侪小人效命之秋也。"②

于是,这个卒长就带领他的部下,穿着短衣,打着赤脚,拿着铁锹和畚箕,在城市的东南方筑起一条长达九百八十四丈、高达一丈的防洪堤,用以保护城墙。据《墓志铭》记载:

> 堤成,水至堤下,害不及城,民心乃安。③

这一条堤后来就叫苏堤。在今天的徐州,还有一条苏堤路。这条苏

---

①②③ 苏辙:《亡兄子瞻端明墓志铭》,《栾城集》(下),上海古籍出版社1987年版,第1413页。

堤是苏轼亲自动员当地驻军修的,因此徐州的学者讲,早在宋代,徐州就是一个"双拥模范城"了。

第三,坚守城墙。苏轼本人亲临第一线,住在城上督战,过家不入。这个时候的形势是:虽然城外新修了一条长九百八十四丈、高一丈的防洪堤,可以拦住洪水,使它不致危害到城墙,但是城内却在下大雨,而且日夜不停,内河暴涨。也就是说,内涝仍然严重威胁到城墙的安全,城墙随时都有倒塌的可能。怎么办呢?必须坚守城墙。据《墓志铭》记载:

公庐于城上,过家不入,使官吏分堵而守,卒完城以闻。[1]

苏轼就在城墙上临时搭一个棚子,住在那里,现场指挥。他去城里巡视的时候,也是"过家不入",就像大禹治水那样,三过其门而不入。据当事人回忆,在一百多天的抗洪抢险期间,苏轼经常是一身泥水。

第四,开仓放粮,赈济灾民。

第五,加强城市治安,防止有人趁机偷盗抢劫。

在苏轼的正确领导和一线指挥之下,全城军民齐心协力,顽强抗洪。

至十月五日,"水渐退,城遂以全。"[2]

徐州城保住了,徐州人民的生命、财产也保住了。

洪水退却之后,皇帝下诏褒奖苏轼,老百姓对苏轼更是一片赞扬之声。但是苏轼并没有因此而懈怠。他又做了几件很重要的事情。一是上奏朝廷,免除徐州当年的赋税。二是"为木岸"。所谓"为

---

[1] 苏辙:《亡兄子瞻端明墓志铭》,《栾城集》(下)上海古籍出版社1987年版,第1413页。

[2] 苏轼:《奖谕敕记》,孔凡礼点校:《苏轼文集》(卷十一),中华书局1996年版,第381页。

木岸"，就是用木桩给徐州的防洪大堤护岸。苏轼在徐州，一共建了四处木桩堤岸，还有一条木坝。三是"增筑故城"，也就是组织力量修缮徐州的城墙。四是建黄楼。城墙修缮完毕，苏轼又在徐州城的东门上，兴建了一座十丈高的黄楼。苏门弟子秦观在《黄楼赋引》中说：

> 太守苏公守彭城之明年，既治河决之变，民以更生；又因修缮其城，作黄楼于东门之上，以为水受制于土，而土之色黄，故取名焉。①

苏轼建黄楼，从主观上讲，是为了日后的防洪抗洪。因为徐州城的东门，地理位置非常关键，每当洪水一来，东门就首当其冲。而在东门城墙上修建一座城楼，就可以更好地对水势进行观察和警戒。

从客观上讲，苏轼建黄楼，又可以说是为徐州兴建了一个标志性的文化景观。

黄楼

---

① 周义敢、程自信、周雷编注：《秦观集编年校注》，人民文学出版社2001年版，第15页。

元丰元年九月九日，也就是重阳节这一天，苏轼在这里举行"黄楼之会"，也就是黄楼落成典礼。他邀请三十位知名人士在黄楼上"览观山川，吊水之遗迹"。这三十位知名人士中，就有不少诗人、画家和书法家。他们兴致勃勃，当场献艺，庆祝黄楼的落成。苏轼本人也写了一首诗，名为《九日黄楼作》；他的弟弟苏辙则从外地寄来了一篇文学佳作《黄楼赋》。

　　苏轼很欣赏弟弟的这篇佳作，亲自用黄绢为他书写，一共六幅，写好之后就挂在黄楼上。大苏的字，小苏的赋，可称双绝。

　　在苏轼用黄绢书写苏辙《黄楼赋》的过程中，还有一个很有趣的插曲。当时，在出席这个庆典的人中，有一个歌妓，也是徐州人，也叫盼盼，不过不姓关，而是姓马，叫马盼盼。这马盼盼也是一个多才多艺的美女，她除了能歌善舞，还有一手绝活，就是善于模仿苏轼的字，几乎可以"乱真"。当苏轼在黄楼上书写苏辙《黄楼赋》的时候，马盼盼就和其他人一起在现场观看。当苏轼就要写到"山川开阖"这四个字时，马盼盼要求试一试。苏轼很宽厚随和，就把笔递给她。马盼盼就在黄绢上书写了《黄楼赋》的"山川开阖"这四个字。在场的人一阵惊呼，说太像苏公的字了。苏轼一看，果然很像。他开心地大笑，然后稍微做了一点润色，没有重写，保留了下来。因此在苏轼书写的苏辙《黄楼赋》中，"山川开阖"这四个字是歌女马盼盼写的。[1]

　　"黄楼之会"以后半个多月，即元丰元年九月三十日，苏轼又邀请"三郡之士会于黄楼"。同年十月十五日，苏轼再次邀友人在黄楼赏月。不到两个月，在黄楼上聚了三次。[2] 黄楼在苏轼心中的重要地位，

---

[1] 孔凡礼撰：《苏轼年谱》（上），中华书局1998年版，第403页。

[2] 孔凡礼撰：《苏轼年谱》（上），中华书局1998年版，第403—408页。

由此可知。

苏轼亲自兴建了黄楼。黄楼建成之后，苏轼又在两个月之内三上黄楼。那么，苏轼的心情又如何呢？是不是很自豪？很踌躇满志？非也。

常言道：言为心声。综观苏轼在徐州写的十七首与黄楼有关的作品，我们不难看出，苏轼的心情是复杂的。既有为徐州人做好事的热情，也有好事做成之后的欣慰；既有对徐州的自然山水和风土人情的赞美，也有人生无常、古今如梦的伤感。

尤其是人生无常、古今如梦的伤感这一点，显得很突出。例如《送郑户曹》一诗，就是与黄楼有关的。这首诗有这样几句：

> 荡荡清河壖，黄楼我所开。……
> 他年君倦游，白首赋归来。
> 长楼一长啸，使君安在哉？①

再看《十月十五日观月黄楼席上次韵》这首诗的结尾两句：

> 为问登临好风景，明年还忆使君无？②

明年的这个时候，我在哪里？明年的这个时候，你们登上黄楼，还记得我这个建黄楼的人吗？这是一种什么情感？这不正是一种人生无常、古今如梦的伤感吗？可以说，正是怀着这样一种伤感，苏轼在黄楼赏月之后的第二天，一个人悄悄地来到了燕子楼。

---

① 傅璇琮等编：《全宋诗》第十四册，北京大学出版社1991年版，第9257页。
② 傅璇琮等编：《全宋诗》第十四册，北京大学出版社1991年版，第9269页。

夜宿燕子楼

据徐州地方文献记载,关盼盼当年住过的燕子楼,在晚唐五代时经历过一场大火,被烧成灰烬。因此,苏轼夜宿过的这个燕子楼就不是关盼盼住过的那个唐代的燕子楼了,而是北宋时在唐代燕子楼的旧址上重建的。

苏轼在徐州的住所叫逍遥堂。据徐州当地的学者介绍,由于是名人故居,这个逍遥堂也曾经屡毁屡建。在"文化大革命"中,它被改建成了锅炉房。逍遥堂离燕子楼不远,都在徐州官署附近,也就是在今天的彭城路1号一带。

既然逍遥堂离燕子楼不远,那么苏轼在看过燕子楼之后,是可以很方便地回逍遥堂来住的。但是他没有,他在燕子楼上住了一晚。

晚清时,有个学者叫郑文焯,他对苏轼"夜宿燕子楼,梦盼盼"这事是很不以为然的。他说:

> 燕子楼未必可宿,盼盼更何必入梦,东坡居士断不作此痴人说梦之题,亟宜改正。①

于是,我们看到的某些苏词版本,就成了这个样子:

> 徐州梦觉,北登燕子楼作。

等于是把苏轼的原序替换掉了。把苏轼原序替换掉,这是什么性质的

---

① 郑文焯语,引自邹同庆、王宗堂著《苏轼词编年校注》(上),中华书局2002年版,第247页。

问题呢？可以说是自作聪明。他们以为苏轼夜宿燕子楼，有损于他这个士大夫的形象，而这一改就维护了苏轼的士大夫形象。这其实是"以清代人之心度宋代人之腹"。宋代的士大夫比清代的士大夫不知要洒脱多少倍。

我认为，无论是考察古人的作品，还是考察今人的作品，都必须尊重原创。何况苏轼"夜宿燕子楼，梦盼盼"，也不是没有这个可能的。我的理由如下：

第一，我刚才讲过，苏轼在徐州任知州时，认识了一个歌妓，叫马盼盼。这个马盼盼模仿苏轼的书法几乎可以"乱真"。她可以当着大家的面，在苏轼书写的《黄楼赋》中，塞进自己写的"山川开阖"四字，而苏轼居然就笑纳了。可见苏轼和马盼盼的关系是很好的。当然，这个好不是指那种男女关系，而是指一种朋友之间的友谊。苏轼既然可以和现实生活中的歌妓马盼盼交朋友，为什么就不可以去寻访一下早已作古的唐代歌妓关盼盼的遗迹呢？

第二，北宋时的燕子楼，已经不是关盼盼住过的那个燕子楼了，而是一个仿古建筑。苏轼住在一个仿古建筑里，又不是住在关盼盼曾经住过的那个楼里，这还需要避嫌吗？文天祥在《吊盼盼诗》里，不是有"但传美人心，不说美人色"这两句吗？据我的理解，苏轼夜宿燕子楼就是感受孤独，这也是文学家体验生活的一种方式。

第三，它既是一个仿古建筑，又不是那种濒危的一级文物保护单位，为什么就不可以住？当然，住是有条件的：必须是里边有住的地方，有床，有被子，有枕头。我想，苏轼不会自带床上用品去燕子楼住一晚，一定是里边有现成的。既然有现成的床上用品，那就说明已经有人住过。既然别的人可以住，苏轼为什么就不可以住？再说，他是徐州的最高行政长官，他说要在那里住一晚，还会有人拦他吗？也许，当时管理燕子楼的工作人员还巴不得苏轼在那里住一晚呢。他是大名人，他在燕子楼住上一晚，这个楼的名气不是更大了吗？

第四，苏轼住在仿古的燕子楼里，自然就会联想到唐代的燕子楼。既然会联想到唐代的燕子楼，自然就会联想到那个燕子楼的女主人关盼盼。既然可以联想到关盼盼，为什么就不可能梦见关盼盼呢？"日有所思，夜有所梦"嘛，这不很自然吗？

更重要的是，苏轼夜宿燕子楼，留下了一首千古名作《永遇乐》。如果他不夜宿燕子楼，没有对燕子楼之夜的细致观察，没有对孤独感的深刻体验，这个千古名作怎么写得出来呢？

燕子楼空，佳人何在

我们且看作品：

> 夜宿燕子楼，梦盼盼，因作此词。
>
> 明月如霜，好风如水，清景无限。曲港跳鱼，圆荷泻露，寂寞无人见。紞如三鼓，铿然一叶，黯黯梦云惊断。夜茫茫、重寻无处，觉来小园行遍。
>
> 天涯倦客，山中归路，望断故园心眼。燕子楼空，佳人何在？空锁楼中燕。古今如梦，何曾梦觉，但有旧欢新怨。异时对、黄楼夜景，为余浩叹。
>
> ——《永遇乐》[①]

[①] 唐圭璋编：《全宋词》，中华书局1965年版，第302页。

请注意"紞如三鼓，铿然一叶，黯黯梦云惊断"这三句。这三句就是写自己梦见了关盼盼。"梦云"，是借用楚怀王梦见巫山神女的典故，写自己梦见了像巫山神女一样美丽多情的关盼盼。宋玉的《神女赋》中有这样几句：

> 妾在巫山之阳，高丘之阻。朝为行云，暮为行雨。朝朝暮暮，阳台之下。

苏词中的这个"云"，就是宋玉《神女赋》中的"行云"，都是指女神一级的美女。"紞如"，是击鼓声；"铿然"，是金石声。"黯黯"，是沮丧的样子。梦见女神一样的关盼盼，当然是一个美梦，可惜这个美梦被三更时的鼓声惊醒了。惊醒之后，又听到像金石一样清晰的树叶落地的声音，这就确信，自己刚才见到关盼盼，原来是一个梦。这么美的一个梦居然被三更鼓声惊醒了，因此就有些沮丧。

梦中的关盼盼，就出现在燕子楼的这个小园子里。因此作者就下楼，在小园里寻找。"夜茫茫，重寻无处，觉来小园行遍"这三句，就是写作者在燕子楼的小园中寻找梦中人，但是寻遍小园，根本就找不到。而"明月如霜，好风如水，清景无限。曲港跳鱼，圆荷泻露，寂寞无人见"这六句，就是写作者在小园里寻梦时所看到的夜景。

"夜茫茫，重寻无处"，再一次让作者深切地感受到人生无常，古今如梦。何以见得呢？请接着往下看：

"天涯倦客，山中归路，望断故园心眼"这三句，就是写"今"之如梦。苏轼离开故乡已经二十三年了，离开汴京在外地做官也有七年了。由眉山到汴京，由汴京到杭州，由杭州到密州，又由密州到徐州。辗转奔波，身心疲惫。一直都想回到千里之外的故乡，可以说是心心念念，望眼欲穿。可是，故乡一直是一个遥远的梦。

"燕子楼空，佳人何在？空锁楼中燕"这三句，则是写"古"之如梦。燕子楼早已人去楼空，关盼盼早已作古，如今所能见到的，就只有楼中的燕子了。这三句是名句，高度概括了关盼盼的命运和燕子楼的沧桑。

"古今如梦，何曾梦觉，但有旧欢新怨。"这三句是总结。无论是"古"，还是"今"，都不过是一场梦。可惜许多人还没有梦醒，还在为"旧欢新怨"所困扰。就像后来的《红楼梦》所写的那样："厚地高天，堪叹古今情不尽；痴男怨女，可怜风月债难酬。"

"异时对、黄楼夜景，为余浩叹。"最后这三句，尤其伤感。写他自己来到燕子楼，感觉关盼盼的一生，就是一场梦；许多年之后，人们来到他修建的黄楼，也将会感慨他的一生，也不过是一场梦，因而为他发出一声浩叹！

我在开头提到过，明明是在写燕子楼，怎么又涉及黄楼呢？原因就在这里：古今如梦！

可能有人会问，苏轼这样一个非常有成就的人，一个非常受老百姓爱戴的人，怎么会有人生无常、古今如梦这样的伤感呢？

我想回答两点：

第一，伤感是人类的一种普遍的情绪体验。一个人能够伤感，尤其是能够为他人的命运而伤感，为人类的命运而伤感，就说明这个人已经摆脱了庸俗、肤浅和短视。他已经成熟了。人的一生是有限的，这有限的人生往往还要经历许多的磨难、许多的不幸。一个成熟的人，怎么会没有伤感呢？普通人尚且有伤感，又何况是一个伟大的文学家呢？

第二，苏轼一生，历经磨难，而徐州正是他一生的一个转折点。在这之前，他虽然奔波劳累，但还没有受到政治上的打击。五个月之后，他就离开徐州到了湖州，任湖州知州。在湖州上任没多久，就发生了

"乌台诗案",苏轼因写诗获罪,被关进御史台的监狱,坐监四个月之后,被贬到黄州。黄州之贬,还只是苏轼一生的第一贬,后来还有惠州之贬、儋州之贬。也就是说,从此之后,他就磨难不断,再也没有来过徐州,再也没有来过黄楼和燕子楼了。

苏轼写黄楼的时候,有"长楼一长啸,使君安在哉"之叹;写燕子楼的时候,又有"异时对、黄楼夜景,为余浩叹"之叹。这种人生无常的叹息,后来不是都被现实印证了吗?

伟大的文学家都是有预感的。苏轼在徐州做了那么多好事,老百姓歌颂他,朝廷表彰他,而他却有人生无常之叹。这是不是一种预感呢?

总之,燕子楼就是一座令人伤感的楼。关盼盼是一个懂得感恩的美女,但是这个美女的命运是令人伤感的。如果说,张仲素、白居易的《燕子楼三首》,都是为关盼盼的命运而伤感,那么苏轼的这首词则是通过关盼盼的命运,为古往今来所有人的命运而伤感,也就是为人类的命运而伤感。因此,同张仲素、白居易的作品相比,苏轼的作品更深刻,更带普遍性,也更能启发人们关于历史、关于现实、关于人生、关于人类的思考。

〔关于燕子楼的问答〕

一、现在燕子楼的样子和它最早的模样是否一样呢？

历史上的燕子楼也是屡毁屡建。我们今天看到的燕子楼是1985年重建的，坐落在徐州市龙云公园的知春岛上，不在原址了。原址在唐代徐州官署的后院，也就是今徐州市彭城路1号这一带。燕子楼本是唐代徐州刺史兼武宁军节度使张愔府第的一座小楼，它最初的模样已经无法考证了。

二、黄楼和燕子楼都是徐州的名楼，这两个楼之间有怎样的异同呢？

最早的黄楼是宋代著名文学家苏轼任徐州知州时修建的，在旧徐州城的东门上。现在我们看到的黄楼是2007年重建的，在黄河南路。

黄楼在宋代就是一座高楼，高达十丈。燕子楼一直是一座小楼，只有两层。黄楼盖黄瓦，燕子楼盖黑瓦。这是二者不同的地方。

但是燕子楼也和苏轼有重要关系。苏轼曾经夜宿燕子楼，并且写了著名的《永遇乐》这首词。由于有了苏轼这首词，燕子楼的名气更大了。所以无论是黄楼还是燕子楼，都和苏轼有重要关系。这是二者相同的地方。

三、古往今来，燕子楼承载了那么多的悲情，有没有积极向上的诗句与它有关呢？

燕子楼的主人关盼盼是一个悲剧性的人物，人们对她的命运深表同情。古往今来，写燕子楼的诗词、小说、戏剧作品都有很多的悲情。但是也有某些作品不是那么悲情，而是给人一种积极向上的感觉。例如文天祥经过徐州时，凭吊过燕子楼，写了一首《吊盼盼》，其中就有这样几句："自古皆有死，忠义常不没。但传美人心，不说美人色"。文天祥认为，关盼盼是一个忠于爱情的人，是一个懂得感恩的人。她的死体现了一种忠义。这种忠义不是指君臣关系，而是指夫妻关系。不管时代发生了什么样的变化，对爱情忠贞，懂得感恩，都是一种美德。

蓬莱阁

【海市】苏轼

东方云海空复空,群仙出没空明中。
荡摇浮世生万象,岂有贝阙藏珠宫。
心知所见皆幻影,敢以耳目烦神工。
岁寒水冷天地闭,为我起蛰鞭鱼龙。
重楼翠阜出霜晓,异事惊倒百岁翁。
……

蓬莱阁上观海市

下面要讲的中华名楼是蓬莱阁。

蓬莱阁位于山东省蓬莱市城北的丹崖山上,是一座四周带回廊的二层楼阁。

蓬莱阁

蓬莱阁之特点

蓬莱阁始建于北宋嘉祐六年(公元1061年),在明代经过五次修缮,在清代经过两次修缮,1949年之后又经过四次修缮。今天我们看到的蓬莱阁，就它的构件来讲，可以说是清代的建筑。

这座楼的体量不大，但是所在的地理位置非常好。站在蓬莱阁上，南边可以俯瞰古老的蓬莱水城，北边则可以瞭望浩瀚的渤海。

在蓬莱阁的后檐墙壁上，有一块"海不扬波"石刻。据史料记载，1895年1月26日，也就是中日甲午海战期间，日本侵略者一发炮弹，不偏不倚，刚刚击中了"海不扬波"这四个字中的"不"字。现在我们看到的这块石刻，可谓弹痕犹存。

"海不扬波"石刻

同我先前讲过的其他几座中华名楼相比，蓬莱阁有这样几个突出特点：

第一，其他的楼，除岳阳楼之外，都是20世纪80年代以后重建的。蓬莱阁不一样，它是一处古建筑，属于"全国重点文物保护单位"。也就是说，在我讲过的几座中华名楼当中，只有岳阳楼和蓬莱阁属于真正的古迹，其他的楼都是仿古建筑。

第二，其他的楼，除岳阳楼之外，都是后来易址重建的。蓬莱阁不一样，它的地址从来就没有变过，自宋仁宗嘉祐六年（公元1061年）以来，它就一直矗立在那里。

第三，其他的楼，楼梯都在楼体内部。蓬莱阁不一样，它的楼梯设在楼体两侧。也就是说，你要上蓬莱阁的二楼，从它的一楼是上不去的，你得从东侧或者西侧上。这是蓬莱阁在设计上的一个很独特的地方。

第四，也是最重要、最突出的一点。其他的楼，或者是望江楼，或者是望湖楼，没有一座是望海楼。蓬莱阁不一样，它是一座望海楼，滨临渤海。如果说，其他几座楼都是内陆文化的产物，那么蓬莱阁就是海洋文化的产物，它的存在见证了中华民族走向海洋的热情、勇气和智慧。

蓬莱阁之所以闻名天下，主要是因为两个因素：一是"蓬莱海市"这个奇观，二是"八仙过海"这个传说。

所谓"蓬莱海市"，就是出现在蓬莱这一带海面上的"海市蜃楼"。"海市蜃楼"是一种大气光学现象，光线经过不同密度的空气层时，出现明显折射或全反射，将远处的景物显现在空中或者海面，形成一种奇异的景观，这就是"海市蜃楼"。"蓬莱海市"就是"海市蜃楼"，是一种自然现象。但是在北宋以前，由于科学技术的落后，人们认识不到这一点，把"蓬莱海市"说成是"蓬莱仙境"，说成是神仙居住的地方，赋予了它许多神秘的色彩。

蓬莱在唐宋时属于登州管辖，是登州的州治所在地。宋仁宗嘉祐六年（公元1061年），时任登州知州朱处约主持兴建了蓬莱阁。这个朱处约是一个进士出身的官员，一个很有学识的官员，他在蓬莱阁建成之后还特意写了一篇《蓬莱阁记》。正是在这篇文章里，他讲到了两个蓬莱：一个是"神仙之蓬莱"，一个是"人世之蓬莱"。①

我认为，朱处约的"两个蓬莱"之说是很高明的，可以用来概括人们对"蓬莱海市"的两种认识。用今天的眼光来看，"蓬莱海市"就是"海市蜃楼"，是一种自然现象，但是人们对它的认识却经历了一个漫长的过程。这个过程可以分为两个阶段：第一个阶段是北宋以前，可以称

---

① 朱处约《蓬莱阁记》，曾枣庄等编：《全宋文》第二十三册，巴蜀书社1992年版，第473—474页。

为"神仙之蓬莱";第二个阶段是北宋以后,可以称为"人世之蓬莱"。

神仙之蓬莱

所谓"神仙之蓬莱",就是把"蓬莱海市"看作是"蓬莱仙境",看作是神仙所居之地。我们不妨从蓬莱阁的得名说起。

蓬莱阁的得名,源于传说中的海上蓬莱山。唐人李吉甫的《元和郡县图志》记载:

> 昔汉武帝于此望蓬莱山,因筑城,以蓬莱为名,在黄县东北五十里。贞观八年,于此置蓬莱镇。神龙三年,析黄县置蓬莱县,在镇南一里,即今登州所理是也。①

这条记载表明:先有传说中的海上蓬莱山,然后才有陆地上的蓬莱城;有了蓬莱城,然后有蓬莱镇;有了蓬莱镇,然后有蓬莱县;有了蓬莱县,然后才有蓬莱阁。

如果没有传说中的海上蓬莱山,陆地上的蓬莱城、蓬莱镇、蓬莱县、蓬莱阁,都无从谈起。

那么,海上蓬莱山又在哪里呢?

海上蓬莱山,是传说中的渤海三神山之一,并非一座客观存在的山。换句话说,海上蓬莱山只是想象中的一座山,幻觉中的一座山,虚无缥缈的一座山。

---

① 李吉甫:《元和郡县图志》(上),中华书局1983年版,第312页。

早在战国时期,就传说在渤海中,有蓬莱、方丈、瀛洲三座神山。齐威王、齐宣王,还有燕昭王,都曾经派人去寻找这三座神山。

那么,传说中的三神山是个什么样子呢?司马迁在《史记·封禅书》中写道:

> 此三神山者,其传在渤海中,去人不远。……盖尝有至者,诸仙人及不死药皆在焉。其物禽兽皆白,而黄金银为宫阙。未至,望之如云;及到,三神山反居水下。临之,风辄引去,终莫能至云。①

这就是传说中的"蓬莱仙境"。用科学的眼光来看,所谓"三神山",其实就是"海市蜃楼"。但是,那个时候的人们不具备这种科学的眼光,他们认为,"三神山"就是仙人所居之处,就是神仙之境。那里不仅有黄金宫,有白色的禽兽,还有"不死药"。

所谓"不死药",就是仙药。人们认为,吃了这种药,就可以延年益寿,长生不死,就可以成仙。

秦始皇统一六国之后,曾经四次"东游海上",原齐国一带的许多方士,就曾经绘声绘色地给他讲蓬莱仙境,讲"三神山之奇药",也就是所谓"不死药"。秦始皇为之神往,于是就派方士去寻找。这些方士中,就有一个叫徐福的人。

司马迁的《史记·秦始皇本纪》记载说,方士徐福奉秦始皇之命入海求药,多年而不得,但是花费又很大,他很恐惧,怕受到责罚,怎么办呢?他就忽悠秦始皇说:"蓬莱仙药可得,但我常常受到海中大鱼的干扰,进不了仙山。请陛下派射手跟我一块去,遇到大鱼就连弩射之。"于

---

① 司马迁:《史记·封禅书》,浙江古籍出版社2000年版,第441页。

是秦始皇就答应了他，给他派了射手。①

在《史记·淮南衡山列传》里，司马迁又记载说，徐福入海多年而求药不得，担心受到责罚，就索性撒一个更大的谎。他对秦始皇说，他在大海里见到一位大神。大神问他："你想求什么？"他回答："想求延年益寿药。"大神说："我这里有的是延年益寿药，但是你们秦王送的礼太薄了，因此你只能看，不得拿走。"徐福又问："应该送你什么礼物呢？"大神说："送我童男、童女，还有工匠，我就把药给你。"于是秦始皇大喜，给徐福童男、童女三千，还有五谷之种和工匠等，让他再去。没想到，后来徐福发现了"平原广泽"，就在那里称王，不回来了。②

这个"平原广泽"在哪里呢？司马迁没有讲。这就引发了后世丰富的联想。有人说，这个"平原广泽"在日本，有人说在韩国，有人说在南洋，有人说在美洲，还有人说在中国境内的舟山群岛。可以说是众说纷纭，莫衷一是，但是没有一种说法是经得起推敲的。

徐福这个人，虽然是一个方士，但是在今天看来，也有一定的研究价值。徐福已成为中国秦汉史、中外关系史、航海史、民俗学、宗教学、考古学的研究对象。在中国、日本和韩国，都有研究徐福的学者。徐福被称为著名航海家和中外文化交流的杰出使者，"徐福东渡"被许多人看作是中国人走向海洋的一个符号，是中日友好、中韩友好的一个符号。中国的山东龙口、江苏连云港等地，还有徐福祠、徐福庙；日本也有徐福祠、徐福冢、徐福井、徐福神社，在日本的佐贺市和新宫市，还有所谓"徐福登陆地"。

秦始皇之后，中国历史上第二位酷好神仙之说的帝王，就是汉武帝。

---

① 司马迁：《史记·秦始皇本纪》，浙江古籍出版社2000年版，第47页。
② 司马迁：《史记·淮南衡山列传》，浙江古籍出版社2000年版，第925页。

据《史记·孝武本纪》和《汉书·武帝纪》记载,汉武帝"东巡海上"竟有九次之多,其中有四次到了东莱郡。汉代的东莱郡,就是唐宋以后的登州,也就是今天的蓬莱这一带。

汉武帝到东莱郡的目的是什么呢?《史记·孝武本纪》中有这样两条记载。一条记载说:

> 上遂东巡海上,行礼祠八神。齐人之上疏言神怪奇方者以万数,然无验者。乃益发船,令言海中神山者数千人求蓬莱神人。①

另一条记载说:

> 天子既已封禅泰山,……而方士更言蓬莱诸神山若将可得,于是上欣然庶几遇之,乃复至东海上望,冀遇蓬莱焉。②

汉武帝渴望长生不老,方士就投其所好。上万的方士对他讲蓬莱仙境。他呢,居然派数千方士入海寻找蓬莱仙境。

汉武帝身边有两个方士,特别会忽悠。一个叫李少君,他是第一个对汉武帝讲蓬莱仙境的方士。他说:"臣尝游海上,见安期生,食巨枣,大如瓜。安期生仙者,通蓬莱中,合则见人,不合则隐。"③

另一个方士叫栾大,胶东人。他对汉武帝说,他曾经往来于海上,见到安期、羡门等神仙。他还进一步说:"黄金可成,而河决可塞,不死之药可得,仙人可致。"④

汉武帝对李少君、栾大的说法均深信不疑。他甚至封栾大为将军,

---

①② 司马迁:《史记·孝武本纪》,浙江古籍出版社2000年版,第102页。

③ 司马迁:《史记·孝武本纪》,浙江古籍出版社2000年版,第97页。

④ 司马迁:《史记·孝武本纪》,浙江古籍出版社2000年版,第99页。

赏他万金，还把女儿卫长公主嫁给他。

秦皇、汉武如此好神仙，如此向往蓬莱仙境，如此兴师动众不惜代价地派方士入海寻找"不死药"，其结果又如何呢？

其结果是，不仅没有找到"不死药"，甚至连仙人的影子都没见到。于是他们就很恼怒，杀了许多方士。秦始皇杀的方士尤其多。据著名历史学家顾颉刚先生考证，秦始皇当年"焚书坑儒"所坑的对象，主要就是方士。

秦皇、汉武杀了那么多的方士，但是他们有没有觉悟过来呢？没有。事实上，在那个时代，由于科学技术的落后，无论是方士，还是帝王，都不可能知道海上三神山的真相，不可能知道蓬莱仙境的真相。在他们眼中，蓬莱就是"神仙之蓬莱"，而不是"人世之蓬莱"。

人世之蓬莱

事实上，方士们绘声绘色描述的蓬莱仙境，秦皇、汉武为之神往的蓬莱仙境，其实就是蓬莱海市，就是海市蜃楼。我刚才讲过，海市蜃楼是一种大气光学现象，光线经过不同密度的空气层时，出现明显折射或全反射，将远处景物显现在空中或海面，从而形成一种奇异景观。但是，那个时候的人们缺乏这方面的科学知识，他们把这种奇异景观理解为蓬莱仙境。

随着科学技术的发展，到了北宋时期，人们就能正确地认识和解释这种现象了。北宋著名科学家沈括在《梦溪笔谈·异事》中写道：

> 登州海中，时有云气，如宫室、台观、城堞、人物、车马、冠盖，历历可见，谓之海市。①

那么，海市是如何形成的呢？有人说是"蛟蜃之气所为"，也就是说，是海里的蛟龙、海怪吐出来的气形成的。这也是一种错误说法，沈括对此也是表示怀疑的。他举例说：

> 欧阳文忠曾出使河朔，过高唐县，驿舍中夜有鬼神自空中过，车马、人畜之声一一可辨，其说甚详，此不具纪。问本处父老，云："二十年前尝昼过县，亦历历见人物。"土人亦谓之"海市"，与登州所见大略相类也。②

现代科学技术证明，沈括的意见是正确的。海市是一种大气光学现象，并非"蛟蜃之气所为"。这种大气光学现象不仅在海面上出现，也在沙漠中出现，甚至在某些平原地区（例如今山东西北的高唐县）也会出现。比较而言，在海面上出现的更多一些。

蓬莱这个地方，由于地理位置的特殊，是世界上出现海市蜃楼最频繁的地区之一。据蓬莱阁景区管理处提供的材料，从1980年到2017年，十八年之间，在蓬莱阁以北的这片海面上，一共出现了三十八次海市景象。2005年5月23日，蓬莱电视台全程记录下了蓬莱海市的真实面貌，清晰地向世人揭开了蓬莱海市的神秘面纱。③

如何理解这种大气光学现象呢？我在蓬莱阁调研时，当地专家给我举了这样一个例子。他说，当站在蓬莱阁上的人看到渤海上的海市蜃楼时，蓬莱阁对面的长岛人是看不到的。这就像一面镜子，你只能在镜子

---

①② 沈括：《梦溪笔谈·异事》，中华书局2016年版，第471页。
③ 蓬莱阁景区管理处编：《蓬莱阁与蓬莱水城历史文化及研究情况》，2017年8月印刷。

的正面看到影子，在镜子的反面是看不到的。

当然，沈括还不能准确地认识到海市是一种大气光学现象。但是在他那个时代能够认识到海市是一种自然现象，就可以称为"达人"了。

事实上，在北宋，这样的"达人"还不只他一个。例如蓬莱阁的兴建者、登州知州朱处约，也是这样的一位"达人"。

朱处约是宣城（今属安徽）人，进士出身，宋仁宗嘉祐五年出任登州知州。那一年，登州风调雨顺，五谷丰登，人民安居乐业。于是在第二年，朱处约就主持兴建蓬莱阁。蓬莱阁建成之后，他又写了一篇《蓬莱阁记》。

在《蓬莱阁记》中，朱处约首先明确表示，"神仙之蓬莱"是不可信的。他说：

> 世传蓬莱、方丈、瀛州，在海之中，皆神仙所居，人莫能及其处。其言恍惚诡异，多出方士之说，难于取信。[1]

朱处约指出，方士所谓"三山之说"虽有人信，但也有人不信：

> 据方士三山之说，大抵草木鸟兽神怪之名，又言仙者宫室伟大，气序和平之状，餐其草木，则可长生不死。长往之士，莫不欲到其境而脱于无何有之乡。际海而望，注想物外，不惑其说者有矣。[2]

朱处约还进一步追根溯源，正确地解释了古人之所以把登州州治命名为"蓬莱"的原因：

---

[1][2] 朱处约《蓬莱阁记》，曾枣庄等编：《全宋文》第二十三册，巴蜀书社1992年版，第473—474页。

> 而登州所居之邑曰蓬莱，岂非秦汉之君东游以追其迹，意神仙果可求也？蓬莱不得见，而空名其意曰蓬莱，使后传以为惑。[1]

朱处约表示，他之所以要建蓬莱阁，就是为了给登州人提供一个"游览之所"，以便人们欣赏海上的自然风光，欣赏"人世之蓬莱"，不要再被那个"神仙之蓬莱"所迷惑。

他还把蓬莱阁上所见到的"人世之蓬莱"作了一个生动的描绘，我这里用白话翻译一下：

"丹崖山壁立千仞，渤海、黄海一望无际。太阳升起的时候，大海就像铺满了金子；月亮升起的时候，大海又像铺满了银子。当海面上云雾蒸腾、扑朔迷离之时，远处的青山则静静地排列。潮起潮落，白鹭在海面上交相飞舞；渔歌互答，鱼儿在海水里自由出没。仰望蓝天，自身就像有了大鹏的翅膀；俯瞰碧海，又像踩着鳌鱼的背脊。仔细地看，静静地听，这里究竟是'神仙之蓬莱'呢，还是'人世之蓬莱'？"

事实上，朱处约所描绘的这些海景既不是古代方士所谓的"神仙之蓬莱"，也不是现代人所讲的"海市蜃楼"。它们其实就是日常海景，但是这种日常海景只有在蓬莱阁上看，才能看得最真切，才能得到最佳效果，因此他称为"人世之蓬莱"。

站在蓬莱阁上看"人世之蓬莱"，也符合现代人的审美诉求。我们今天来到蓬莱阁，如果能够看到海市蜃楼，那当然是一件非常快乐的事情。但是，海市蜃楼也不是天天都可以看到的。我去蓬莱阁，就没有看到海市蜃楼。但是，这没有关系，看不到海市蜃楼，还可以看一看朱处约所描写的这些海景嘛。这些海景是渤海、黄海的海景，是我这

---

[1] 朱处约《蓬莱阁记》，曾枣庄等编：《全宋文》第二十三册，巴蜀书社1992年版，第473—474页。

个生活在南海边的人平时看不到的,更是那些生活在内地的朋友们平时看不到的,这不也是一种新的体验吗?这就是"人世之蓬莱"给我们的快乐。

蓬莱海景

各显神通向海洋

在上文我讲了两个蓬莱：一个是"仙境之蓬莱"，一个是"人世之蓬莱"。接下来，我要讲的是"诗性之蓬莱"。

所谓"诗性之蓬莱"，就是"仙境之蓬莱"与"人世之蓬莱"在艺术上的反映。

"诗性之蓬莱"有多种表现形式，包括文学、绘画、书法、雕塑、影视、音乐等。就文学来讲，它又包括诗词、文章、楹联、戏剧、小说、民间故事等。

在这里，我主要讲一讲与蓬莱阁有关的诗歌和民间故事。我发现，产生于蓬莱阁的诗歌和民间故事与产生于别的楼阁的诗歌和民间故事不一样，它们被赋予了许多传奇色彩或者神话色彩。

祷龙王而见海市

在与蓬莱阁有关的诗歌中，有两首很有趣的诗，这两首诗都写到诗人因祷龙王而见海市。一首是宋代著名诗人苏轼的《登州海市》，一首是清代著名诗人施闰章的《观海市歌》。

我在上文讲过,登州的州治就是蓬莱,苏轼的《登州海市》,其实就是写蓬莱海市。说到苏轼在登州,还有两段传奇。

第一段传奇,是苏轼做登州知州,只做了五天。宋神宗元丰八年(公元1085年)九月十八日,苏轼以朝奉郎出任登州知州。十月十五日到登州上任。但是只过了五天,他又被召还京师任礼部郎中。也就是说,苏轼任登州知州只有五天时间。在一个地方做官,板凳还没坐热就走了,这种事情在现实生活中还是很少见的。①

第二段传奇,是这一年的十月三十日,也就是苏轼离开登州的前两天,他想看蓬莱海市。当地人对他说,蓬莱海市常见于春夏之间,现在已经是十月下旬了,看不到了。苏轼不甘心。心想自己马上就要离开蓬莱了,今后能不能再来就很难说了。到了蓬莱而没见到海市,这不是很遗憾吗?于是,他就去海神庙祈祷。这一祈祷还很灵验,第二天,他真的见到海市了。为此,他专门写了一首诗,诗名就叫《登州海市》。这首诗还有一个序言:

> 余闻登州海市久矣。父老云:"常见于春夏,今岁晚,不复出也。"余到官五日而去,以不见为恨,祷于海神广德王之祠,明日见焉,乃作是诗。②

海神广德王,就是东海龙王。海神广德王祠,就是蓬莱阁西边的龙王宫。

---

① 孔凡礼:《苏轼年谱》(中),中华书局1998年版,第689—692页。
② 傅璇琮等编:《全宋诗》第十四册,北京大学出版社1991年版,第9371页。

龙王宫

苏轼祷龙王而见海市，当地人感到非常惊讶，因为这种事在苏轼之前还没有发生过。他的《登州海市》写道：

岁寒水冷天地闭，为我起蛰鞭鱼龙。
重楼翠阜出霜晓，异事惊倒百岁翁。①

在天寒水冷的日子，东海龙王破例为我把已经蛰伏的鱼龙唤醒，当重重叠叠的楼台和绿色的山峦在下霜的早晨出现的时候，连百岁老翁都惊倒了！

有人问：苏轼是不是在编故事？我认为，苏轼没有编故事。我的依据主要有三点：

第一，综观苏轼的全部文字，不能说他完全没有认知上的错误，但是可以肯定，他没有讲过假话，他是一个很诚实的人。

第二，苏轼写蓬莱海市的诗有三首，除了这一首七言古诗，还有一首五言古诗，还有一首七言律诗，这三首诗都写他看到了蓬莱海市。

---

① 傅璇琮等编：《全宋诗》第十四册，北京大学出版社1991年版，第9371页。

第三，这种事情虽然前无古人，但也并非后无来者。例如清代有一位很著名的诗人叫施闰章，他也有过一次和苏轼类似的经历。他写过一首《观海市歌》，诗前也有一个小序：

  余校士东牟，思见海市。事竣，谒海神庙，因祷焉。翌日临发，海市适见，歌以纪之。①

东牟，就是今天的烟台市牟平区，也在海边，离蓬莱很近。校士东牟，是指他当时任山东学政，来牟平主持一场考试。他也想看见海市，于是在办完公事之后，就去海神庙祈祷。第二天，临到要出发离开牟平时，他果然见到了海市。

可能有人会说，你这样一讲，就未免有些迷信了。好像一个人想见海市，只要去海神庙里祈祷一番，就可以见到。

我在这里要强调一下，我不迷信，更不宣传迷信。我认为，无论是苏轼，还是施闰章，他们的经历看似偶然，其实也包含了必然。一个人到了蓬莱、牟平这一带，见到海市是有可能的，因为海市在这一带出现比较频繁。虽然海市主要出现在春夏之间，但有时也在秋冬出现。在海市出现之前，即便你不去海神庙祈祷，也会见到海市。道理很简单：在苏轼、施闰章见到海市的时候，在蓬莱和牟平的其他人也会见到，难道其他人也在前一天祈祷过海神吗？难道海市仅仅是为苏轼或者施闰章出现的吗？

---

① 引自蓬莱阁管理处编《蓬莱阁碑刻诗文赏析》，文物出版社2013年版，第21页。

八仙过海在蓬莱

蓬莱阁作为一处著名的观海楼阁，不仅催生了许多诗文和楹联作品，还催生了许多民间故事，其中最有代表性的就是"八仙过海"的故事。

"八仙过海"的故事，可以说是家喻户晓，妇孺皆知。一说到蓬莱阁，人们就会想到"八仙过海"。"八仙过海"与"海市蜃楼"成了蓬莱阁的两个经典性文化符号。

不过我认为，关于"八仙过海"的故事，至少有三个问题值得思考一下：

第一，八仙过海，为什么要从蓬莱出发？

第二，八仙过海作为一个故事，有没有一定的历史依据？

第三，八仙过海这个故事有什么现实意义？

先讲第一个问题，八仙过海为什么要从蓬莱出发？关于八仙过海的出发之地，通常有三种说法：第一种，是从山东崂山出发；第二种，是从浙江舟山出发；第三种，是从山东蓬莱出发。这三种，哪一种影响最大呢？无疑是第三种。那么，八仙过海为什么要从蓬莱出发呢？根据我所看到的材料，这可能与八仙中的核心人物吕洞宾有关。

吕洞宾，名吕岩，字洞宾，号纯阳。关于他的身世，有各种说法。比较通行的一种说法是：他是唐代京兆（今陕西西安）人，唐懿宗咸通年间，曾经参加过进士考试，但没有考上，于是放弃功名之念，去终南山隐居。后来遇到钟离权，传授给他金丹大药之方；又遇到苦竹真人，传授给他驱使鬼神之法，于是得以成仙。

吕洞宾的足迹遍及今天的江苏、安徽、浙江、湖南、湖北、陕西、河南、山东各地，但是停留最久的地方则是山东蓬莱。这可以从他的诗词当中得到印证。《全唐诗》收录了他的三百首诗词，其中多处提到他在蓬莱，例如：

> 三千里外无家客，七百年来云水身。
> 行满蓬莱为别馆，道成瓦砾尽黄金。
> ——《答僧见》①

> 他时若赴蓬莱洞，知我仙家有姓名。
> ——《七言》②

吕洞宾的这些诗词究竟是作为历史人物的吕洞宾写的，还是作为仙人的吕洞宾写的，这是很难分辨的。我们这里既然是在讲"八仙过海"这个仙话故事，那就把这些诗词当作是仙人吕洞宾写的吧。

在这两首诗里，吕洞宾自称"无家客"，他是没有家的，但是他有"别馆"。"别馆"在哪里呢？在"蓬莱"。他还说，如果有一天你去了"蓬莱洞"，就可以在仙家的名录上看到他的姓名。

《全唐诗》还收录了钟离权的四首诗，其中一首名为《赠吕洞宾》，诗中有这样两句：

> 气翱翔兮神烜赫，蓬莱便是吾家宅。③

钟离权是八仙中资格最老的仙，他的话在八仙中是具有权威性的。他说"蓬莱便是吾家宅"，这个"吾"指谁呢？就是指吕洞宾。

---

① 《全唐诗》卷858，中华书局1960年版，第9701页。
② 《全唐诗》卷857，中华书局1960年版，第9684页。
③ 《全唐诗》卷860，中华书局1960年版，第9725页。

吕洞宾常驻蓬莱,视蓬莱为"别馆",他的师父钟离权也说蓬莱成了吕洞宾的家,因此在《白云观志》的"诸真宗派总目"和"宗派源流目录"中,吕洞宾被列为"蓬莱派"。

我们看看在蓬莱阁的后面,有一处坐南朝北的碑亭,这就是吕祖像碑亭。它的正面就是吕洞宾的肖像。

由于吕洞宾是八仙中的核心人物,又常住蓬莱,因此"八仙过海"从蓬莱出发,就是很自然的了。

在蓬莱阁的二楼就有八仙醉酒的塑像。传说八仙到了蓬莱之后所做的第一件事,就是痛痛快快地喝酒,喝得酩酊大醉,醒来之后再过海。

沙门岛上八逃犯

第二个问题:八仙过海作为一个民间故事,有没有一定的历史依据?

世人都晓神仙好,可惜神仙皆缥缈。世上本来是没有神仙的,所谓神仙都是人们塑造出来的。人们按照自己的愿望来塑造神仙,因此所有的神仙都有人的影子,都有一定的历史依据或者现实依据,不可能完全凭空虚构。

以八仙为例,至少有一半在历史上是实有其人的。钟离权,原是汉代的一位将军;吕洞宾,原是唐代的一位读书人;曹国舅,原是宋仁宗曹皇后的弟弟;韩湘子,原是唐代文学家韩愈的侄孙。这几个神仙都是有历史依据的。至于张果老、铁拐李、蓝采和、何仙姑,虽然都是普通人,史书尚无记载,但也都是来自现实,都有现实依据。张果老原是一个赶驴的，铁拐李原是一个卖药的，蓝采和原是一个采药的，何仙姑原是一个村姑。

那么，关于八仙过海的故事，有没有一定的历史依据呢？

在蓬莱这一带，关于"八仙过海"的故事有好几个版本。其中一个版本说，吕洞宾早年是一名武官，因为触犯军纪而被发配到沙门岛。一天夜里，他带领七名囚犯逃到丹崖山下的一个洞里躲起来，后来被渔民发现，被视为神仙。

据有关专家研究，"八仙过海"的故事可能与沙门岛八个逃犯的故事有关。

从蓬莱入海向西北大约十五公里，就是宋元两代流放犯人的沙门岛。《宋史·马默传》记载：

> （马默）除知登州。沙门岛囚众，官给粮者才三百人，每益数，则投诸海。砦主李庆以二年杀七百人，默责之曰："人命至重，恩既贷其生，又从而杀之，不若即时死乡里也。汝胡不以乏粮告，而颛杀之如此？"欲按其罪，庆惧，自缢死。[①]

这段话的意思是说，沙门岛上有许多囚犯，但是朝廷每年给的粮食只够三百人吃，于是这个管沙门岛囚犯的岛主李庆就把超编的囚犯投到大海里去。两年之内，居然投了七百人。沙门岛在登州管辖之内，马默作为登州知州，就责备这个李庆说："人的生命是最重要的，朝廷既然把他们囚禁在这里，就是恩准留下他们一条命，你居然把他们都杀害了。既然这样，那还不如当初就让他们死在家乡呢！你不就是因为缺粮食吗？缺粮食，你为什么不向上级报告，而要擅自杀害他们？"马默很气

---

① 脱脱等撰《宋史·马默传》，中华书局1985年版，第10948页。

愤,要治李庆的罪。李庆恐惧,就自己找一根绳子上吊死了。

马默接着上奏朝廷,建议修改《配岛法》,主要内容是:如果岛上的囚犯超编,就把那些在岛上囚禁的时间很长,但是又没有什么新的过错的人转移到登州。朝廷采纳了他的意见。这条法律施行之后,保全了许多人的性命。这当然是一件德政,老百姓很感激马默,因此当苏轼来登州做知州的时候,老百姓就在路边迎接他,对他说:"你能像马君那样'为政爱民'吗?"

当然,苏轼也没有辜负登州老百姓的期望,他虽然只当了五天的登州知州,但是在这五天任期之内,他曾上奏朝廷,提出免除登州和莱州的盐税,得到朝廷认可。当地老百姓感激他,就在蓬莱阁的后边建了一个苏公祠。

当然,这是后话。沙门岛的故事还没讲完呢。刚才说了,在马默上奏朝廷修改《配岛法》之前,也就是在李庆当岛主的时候,沙门岛的囚犯人数是有定额的,每年的粮食只够三百人吃,如果超过这个数字,李庆就把囚犯杀掉,然后抛进海里去。李庆手下的那些官吏为了给新来的囚犯腾地方,就百般折磨岛上的囚犯,好让他们尽快死去,这样就无需亲自动手。因此,流放到沙门岛上的囚犯很少有活着回去的。

由于这个原因,岛上就经常发生暴动和逃亡事件。但是要逃亡,就得游过三十里海峡,这也是一件很不容易的事。不过也有例外。据鲁东大学胶东文化研究院的周霞老师介绍,现在蓬莱一带还流传着这样一个传说:说是有八名囚犯居然抱着木头、坐着木盆渡过了海峡,逃到丹崖山下的狮子洞里躲了起来。这八个囚犯都是蓬头垢面,衣衫褴褛,其中有男有女,有老有少,有平民百姓,也有皇亲国戚。第二天清晨,他们被一个起早赶海的渔民发现了,这个渔民听说他们是从云雾茫茫的沙门岛上飘渡过来的,就以为他们是神仙,很惊诧,于是赶快跑去告知官府。

可是，当他带着官府的人回到山洞时，那八个人早已不知去向。于是，人们就更加相信他们是神仙了。后来，这个山洞就被当地人称为"仙人洞"。当地人认为，这件事情很有可能就是八仙过海故事的起因。

周霞老师认为，联系《宋史·马默传》的记载，这个传说还是有一定的历史依据的。如果这个传说是从宋代开始流传的，那么全真七子、包括三州五会的那些教众，一定非常熟悉这个故事，因此，把这个故事和佛教罗汉渡江的故事联系起来，杜撰一个道教系统的八仙过海的故事，用以进行宗教宣传，就是一件很自然的事了。[1]

我认为，周霞老师的意见是有道理的。也就是说，八仙过海的历史依据可能就是沙门岛上八个囚犯渡海逃生的故事。

海洋精神与个性

最后讲第三个问题：八仙过海这个故事有何现实意义？"八仙过海"的故事虽然是一个仙话故事，但是它的现实意义是不可低估的。首先，八仙过海的故事，体现了中华民族走向海洋的热情和勇气。八仙和秦皇汉武不一样，和秦汉时的那些方士也不一样，他们已经是神仙了，他们去东海不是为了拿到所谓的"不死药"，仅仅是因为东海浩瀚，他们想去遨游一番。正是怀着这种对大海的好奇与热情，他们劈波斩浪，到了东海龙宫。

---

[1] 周霞《蓬莱——八仙过海传说的发源地》，蓬莱阁文化学术研讨会组委会编《蓬莱阁文化学术研讨会论文集》，非公开出版物，2011年8月印刷。

第二,八仙过海的故事,体现了海洋文化的智慧与个性。八仙过海,可以说是一次非常有智慧、有个性、有成效的海上探险活动。

八仙过海的特色是什么呢?就是各显神通。他们没有使用通常的腾云驾雾的方式,而是使用各自的宝物,把它抛到海面上,然后踏着宝物过海。每个神仙使用的宝物都不一样。吕洞宾用的是宝剑,钟离权用的是扇子,曹国舅用的是玉板,韩湘子用的是笛子,铁拐李用的是葫芦,张果老用的是鱼鼓,何仙姑用的是荷花,蓝采和用的是花篮。①

八仙过海雕像

不一样的宝物、不一样的渡海方式,体现的是不一样的个性和智慧。这种不一样不仅体现了仙道文化与儒家文化之间的差异,更体现了内陆文化与海洋文化的之间的差异。

内陆文化是一种超稳定结构的农耕文化,这种文化讲求同一性,春耕、夏耘、秋收、冬藏,日出而作,日入而息,都是按照一定的时令和时辰进行的。农作物的生长有其规律,农民只需按其规律行事、不违农时就可以了。因此,农耕文化总是显得有条不紊、规整同一。

---

① 孙传武主编《八仙与蓬莱》,黄海数字出版社2013年版,第3—11页。

海洋文化就不一样了。海洋本身是波谲云诡、瞬息万变的。无论是在海洋上捕捞，还是在海洋上航行，都必须根据海洋的瞬间变化，随时调整自己的策略，必须灵活应对，不能墨守成规。更重要的是，海外贸易、海外交流，面对的是不同国家、不同民族、不同信仰、不同价值观、不同生活方式的各色人等，更需要因人而异、灵活变通。因此，海洋文化乃是一种差异性很大、个性很强的文化。

总之，海洋文化催生了八仙过海的故事，八仙过海的故事又反过来启发了中华民族走向海洋的热情和智慧。

如果要给蓬莱阁文化提炼一个主题，我认为，这个主题就是四个字：走向海洋。如果说，渤海之滨的蓬莱阁文化的主题是走向海洋，那么，黄河之滨的鹳雀楼文化的主题又是什么呢？请看下文。

〔关于蓬莱阁的问答〕

一、海市蜃楼为什么会出现在蓬莱？海市蜃楼一般什么时间会出现？距今最近的一次海市蜃楼是什么时间发生的？

海市蜃楼是一种大气光学现象，在海面、沙漠、平原皆有出现。蓬莱因为地理位置特殊，是世界上出现海市蜃楼最多的一个地方。距今最近的一次蓬莱海市发生在2009年12月6日下午。

二、除了苏轼和施闰章见过蓬莱海市，还有哪些历史名人曾经见过蓬莱海市？

据我所知，明代的游琏（福建人，八闽贤士）、袁可立（河南人，抗清名将、兵部尚书），清代的王鑨（河南人，戏曲家）、招子庸（广东人，画家、文学家）等历史名人见过蓬莱海市，写过观蓬莱海市的诗。

三、八仙过海故事可以说是妇孺皆知，那么为什么吕洞宾会成为八仙之首呢？八仙是文学虚构还是历史上确有其人？

吕洞宾是道教主流派别全真派（北派）的祖师，号称"吕祖"。他的名声、威望、地位在八仙中无人可及。八仙中，有四个人在历史上实有其人，钟离权是汉代的一位将军，吕洞宾是唐代的一位读书人，韩湘子是韩愈的侄孙，曹国舅是宋仁宗曹皇后的弟弟。他们本是普通人，后来成了神通广大的仙人，这属于文学虚构。至于张果老、铁拐李、蓝采和、何仙姑，则纯粹是文学虚构的人物。

鹳雀楼

【登鹳雀楼】 王之涣

白日依山尽,黄河入海流。
欲穷千里目,更上一层楼。

【河中鹳雀楼集序】 李翰

周大冢宰宇文护军镇河外之地,筑为层楼,遐标碧空,影倒洪流,二百余载,独立乎中州。以其佳气在下,代为胜概。四方隽秀有登者,悠然远心,如思龙门,若望昆仑。

高楼千载镇蒲关

这里要讲的中华名楼是大名鼎鼎的鹳雀楼。

鹳雀楼坐落在山西省永济市蒲州古城西门外的黄河岸边。这是一个仿唐建筑，一共九层，其中台基三层，主楼六层，高达73.9米。在我所讲的八座中华名楼中，这是一座最高的楼，可以说是巍峨壮观、气势恢宏，因此被称为"黄河第一楼"。

站在鹳雀楼上，往东望，可以看到延绵起伏的中条山；往西望，可以看到奔腾不息的黄河。它的地理位置和观景效果都非常好。

鹳雀楼

鹳雀楼的两个七百年

在鹳雀楼考察的时候,我遇到几位青年人,我们在一起交谈时,他们问了我这样几个问题:

第一,最早的鹳雀楼是什么时候修建的?

第二,历史上的鹳雀楼是不是重建过多次?

第三,今天的鹳雀楼是在原址上重建的吗?

第四,这个楼为什么叫鹳雀楼?既然叫鹳雀楼,为什么在楼上看不到鹳雀?

我认为,这几个问题都问得很好,我给他们作了一个简要的回答。在这里,我想作一个稍微详细一点的回答,因为这几个问题也是大家关注的问题。

第一个问题:最早的鹳雀楼是什么时候修建的?最早的鹳雀楼是北周时期修建的。唐代著名文人李翰写过一篇《河中鹳雀楼集序》,这篇序讲:

> 周大冢宰宇文护军镇河外之地,筑为层楼。遐标碧空,影倒洪流,二百余载,独立乎中州。①

"河中",就是河中府。鹳雀楼所在的永济市蒲州镇,在秦、汉、三国、西晋时属于河东郡管辖,在北周和隋代属于蒲州管辖,在唐、宋、元三代属于河中府管辖,在明清时期又属于蒲州管辖。"周",就是北周;"大冢宰"是个官名,相当于吏部尚书。"河外之地",就是指北周时期黄河东边的蒲州。宇文护本人并没有亲自镇守过蒲州,但是分别在保定二年(公

---

① 董诰等编:《全唐文》卷四三〇,上海古籍出版社1990年版,第1939页。

元562年）及天和元年（公元566年），先后派自己的两个儿子宇文会和宇文训担任蒲州刺史，鹳雀楼就是在天和元年（公元566年）兴建的。也就是说，是在1452年前修建的。至李翰写作这篇序的时候，正好二百余年。

宇文护在北周末年，就像曹操在东汉末年那样，是一个说一不二的权臣。《北史·宇文护传》记载：

> 护第屯兵禁卫，盛于宫阙。事无巨细，皆先断后闻。[1]

既然"事无巨细"都是他说了算，因此李翰说"宇文护军镇河外之地，筑为层楼"，就可以理解为鹳雀楼是由他主持兴建的。

第二个问题：历史上的鹳雀楼是不是重建过多次？根据当地学者提供的材料来看，鹳雀楼在历史上并没有重建过。这一点和其他的中华名楼不一样。其他的中华名楼在历史上是屡毁屡建，而鹳雀楼在历史上只毁过一次，但是并没有重建过。

宇文护主持兴建的那个鹳雀楼在历史上存在了七百年，唐代著名诗人王之涣所写的鹳雀楼，还有唐宋时期其他诗人所写的鹳雀楼，都是那个鹳雀楼。那个鹳雀楼在金末元初毁于战火。据当地学者介绍，当时鹳雀楼所在的蒲州被金兵占领，元兵在黄河西边，在对岸，还没过河呢，金兵的一个小帅（即小统帅）料定自己打不过元兵，就放一把火把鹳雀楼烧了。也就是说，鹳雀楼不是元兵烧的，是金兵烧的。金兵自己放火把自己占领的鹳雀楼烧掉了。这是一个什么性质的行为呢？这就是老百姓所讲的"放起身炮"，也就是在起身之前，在逃跑之前，还要干一件坏事。心想我金兵不能占有鹳雀楼，你元兵也别想占有。从心理学的角度来看，这是一种气急败坏的心理，一种阴暗心理。鹳雀楼是一个名胜古

---

[1] 李延寿撰：《北史·周宗室·宇文护传》，中华书局1974年版，第2062页。

迹，这个名胜古迹碍着你什么了？碍着你打胜仗了？碍着你得天下了？金兵怀着这种心理跟元兵打仗，其结果就可想而知了。

鹳雀楼被金兵一把火烧掉之后，七百年没有重修。元、明、清三代诗人所写的鹳雀楼，实际上是永济县（今永济市）蒲州古城的西门城楼。有诗为证：

灰飞烟灭盛名在，错把西楼当此楼。[1]

这是明代诗人尚登岸的一首《鹳雀楼》诗中的两句，这首诗就收录在清代光绪年间编纂的《永济县志》里。因此，元、明、清时期的鹳雀楼实际上是不存在的。但是由于鹳雀楼的名气实在是太大了，它的魅力实在是太大了，人们需要这个楼，需要站在这个楼上看中条山、看黄河，需要在这个楼上登高望远、抒情言志，于是就把蒲州古城的西门楼当作了鹳雀楼。这是一种借代，或者说是一种借景。这种现象在中国历史上是非常罕见的。这也说明鹳雀楼在人们心中有着不可或缺的地位。

因此，鹳雀楼的历史可以用两个七百年来概括，第一个七百年是真实存在的七百年，第二个七百年是由蒲州古城的西门楼作替身的七百年。

抗日战争时期，蒲州古城的西门楼被日本侵略者的炮弹炸毁，于是鹳雀楼连个替身都不存在了。这样鹳雀楼就成了人们的一个遥远的记忆，人们只能通过王之涣的《登鹳雀楼》这首诗来想象鹳雀楼了。令人欣慰的是，1997年12月，山西省永济市人民政府开始重建鹳雀楼，他们多方筹措资金，用了五年的时间，终于在2002年9月把这个楼建成了。

第三个问题，今天的鹳雀楼是不是在原址上重建的？今天的鹳雀楼不是在原址上重建的，因为黄河改道了。据当地学者介绍，今天的黄河离鹳

---

[1] 原载《光绪永济县志》，引自中国文物学会历史文化名楼保护专业委员编《中国历史文化名楼系列文丛·诗歌卷》，文物出版社2015年版，第464页。

雀楼原址有3.5公里，如果在原址上重建，那么人们登上鹳雀楼，就看不到黄河了。登鹳雀楼而看不到黄河，那怎么行呢？于是永济人就把鹳雀楼往西移了2.5公里。也就是说，这个重建的鹳雀楼离黄河只有1公里，这个1公里的距离是合适的。站在重建的鹳雀楼上，可以清清楚楚地看到黄河由北而南，然后由西而东流去。鹳雀楼在黄河的拐弯处，观景位置非常好。

第四个问题，这个楼为什么叫鹳雀楼？这个楼之所以叫鹳雀楼，是因为楼下的黄河滩上有许多鹳雀在那里觅食。有白鹳，有黑鹳，还有灰鹳。鹳雀这种鸟很有特点，它觅食在水边，栖息则在高处。在古代的鹳雀楼上，就栖息了许多鹳雀，因此人们就称这座楼为鹳雀楼。

但是，在今天的这个鹳雀楼上，你是很难看到鹳雀的。这是由于生态环境的变化，在今天的黄河滩上已经很难看到鹳雀了。当然，也不是完全看不到鹳雀，只是比较少见而已。

宇文护为何兴建鹳雀楼

那么，宇文护当年为什么要主持兴建鹳雀楼呢？他的目的是什么呢？

应该说，这与北周时蒲州的重要战略位置有直接关系。要想了解鹳雀楼，必须了解蒲州。《蒲州府志》讲：

> 蒲为郡，被山河之固，介雍豫之交。……盖形势居要，所谓得之者雄。[1]

---

[1] 周景柱：《蒲州府志》，清乾隆二十年（1755）刻本。

这里的"山"是指中条山,"河"是指黄河。"雍"是指雍州,今陕西这一带;"豫"是指豫州,今河南这一带。意思是说,蒲州这个地方,既有中条山之固,又有黄河之险,它介于陕西、河南之间,地理位置非常重要,谁得到它,谁就可以称雄于天下。

蒲州这地方,有两个很突出的特点:

第一个特点,文化底蕴深厚。

传说中的尧帝,最初就在这里建都,后来才迁到平阳(今山西临汾);传说中的舜帝也曾在这里建都。因此,蒲州这个地方被称为"华夏第一城"。这个地方最初叫"蒲邑"。春秋时,这里属于晋国的版图;战国时,这里属于魏国的版图。秦始皇统一六国之后,改"蒲邑"为"蒲坂"。"蒲坂"是一个县,属于"河东郡"管辖。北周时,改"河东郡"为"蒲州","蒲坂县"成为蒲州的治所。唐玄宗开元八年(公元720年),又改"蒲州"为"河中府",把它升格为"中都"[①]。"中都"是与西都长安、东都洛阳、北都太原齐名的唐代四大都会之一,虽然为时不长(只有八个月左右),但是也能说明蒲州的政治、经济和文化地位在唐代是很高的。

蒲州这个地方在历史上出过许多人才,仅仅是在唐代就出了许多。我这里只说著名的,例如著名古文家柳宗元、柳冕;著名诗人王维,"大历十才子"之一的卢纶。还有著名的杨贵妃也是蒲州人,她不仅是一位舞蹈家,也是一位诗人,《全唐诗》里就收录了她一首诗;另外还有两位诗人:一个叫畅当,一个叫耿湋,他们各写过一首《登鹳雀楼》,这两首诗都写得不错,前人对这两首诗的评价都比较高。

总之,蒲州是一个文化底蕴深厚的地方。大凡文化底蕴深厚的地方,就会有一两个标志性的文化景观,而鹳雀楼就是蒲州的两个标志性的文

---

① 欧阳修、宋祁撰:《新唐书·地理志》,中华书局1975年版,第999页。

化景观之一。另一个是蒲津桥。

第二个特点，兵家必争之地。

以春秋战国为例。春秋时，有秦、晋、齐、楚、吴五霸争雄。河西是秦，河东是晋，两个诸侯长期争锋，而蒲邑就是他们争夺的一个焦点。

战国时，则有秦、楚、齐、韩、赵、魏、燕七雄逐鹿。秦国更是野心勃勃，要吞并六国，于是远交近攻，各个击破。而魏国的蒲邑就是被攻击的第一个目标。秦国要灭魏国，必须东渡黄河，于是就在河上建浮桥，这就是最早的"蒲津桥"。这个"蒲津桥"被称为"黄河第一桥"，又称"蒲津渡"或者"蒲津关"。

公元534年，中国北方的北魏分裂为两个国家：东魏与西魏，与南方的南朝形成三足鼎立的局面。东魏定都邺城（今河北临漳），西魏定都长安（今陕西西安）。东魏控制了黄河以东的广大地区，尤其是控制了中原的心脏洛阳，可谓地广人众，而西魏则局促于关西一隅，在地理形势上明显处于劣势。西魏要想与东魏争雄，首要任务就是夺取河东地区，而要夺取河东地区，首先必须夺取河东重镇蒲坂。为此，东、西魏长期兵戎相见。公元537年，西魏夺取了河东重镇蒲坂，打开了东进的通道。

公元550年，北齐代替了东魏；公元557年，北周又代替了西魏。北齐与北周，继续兵戎相见。这时候的蒲坂虽然在二十年前就已被北周占领，但实际上还是北周在黄河以东的一块孤悬之地，时刻都有被北齐蚕食掉的可能。于是，北周的大冢宰宇文护开始着力经营蒲坂。一是在这里兴修水利，发展农业生产，以此赢得当地民众的支持；二是把河东郡改为蒲州，并且把自己的儿子宇文会派到这里任刺史，掌管蒲州的军政大权。

天和元年（公元566年），宇文护又把自己的另一个儿子宇文训派到蒲州任刺史，威镇华夏、气势恢宏的鹳雀楼就是在这一年修建的。宇文护先后杀害了北周的两个皇帝，历史上对他的评价是不高的。不过有一点应该肯定，他为北方的统一还是做了许多工作的，他的事业心还是很强的。他兴建鹳雀楼不是为了观景，不是为了留连山水，而是有三个很现实的目的：一是为了军事防御，二是为了镇守蒲津桥，三是为了向北齐宣示：蒲州就是北周的，蒲州境内的蒲津桥和鹳雀楼都是北周的，你北齐休想来占领。因此，最早的鹳雀楼不是作为一个观景楼来兴建的。

鹳雀楼与蒲津桥

　　古代的蒲州有两个标志性的人文景观：一个是鹳雀楼，一个是蒲津桥，都是天下闻名的。如果说，鹳雀楼是"黄河第一楼"，那么蒲津桥就是"黄河第一桥"。

　　这个"黄河第一桥"不同于甘肃兰州白塔山下的那个"黄河第一桥"，那个"黄河第一桥"是黄河上的第一座铁桥，是宣统元年（公元1909年）建成的；这个"黄河第一桥"是黄河上的第一座浮桥，是公元前257年秦国为了攻取河东而建的，它的历史比兰州白塔山下的那座铁桥要早2166年。

　　蒲津桥作为一种浮桥，它的特点是连舟为桥，把许多木船在河里一字排开，然后用竹索将它们连接起来，上面既可以走人，也可以走车马。不过，这种桥也很容易被火烧掉或者被洪水冲掉。因此历史上的蒲津桥可以说是屡毁屡建。

蒲津桥见证了黄河两岸的历史变迁。中国有一句老话："三十年河东，三十年河西。"这句话就来源于蒲津桥所在的黄河两岸。

秦国兴建的蒲津桥，在北魏时有过一次维修，到了唐代就破败不堪了。蒲津桥本是连接长安与河东地区的一个重要的交通枢纽，而在河东地区的蒲州境内，又有两个很大的盐池，一个叫盐池，一个叫女盐池，每年向国家贡献一百六十万贯的盐税收入。[1] 因此蒲津桥的作用就越发显得重要了。

开元十二年（公元724年），唐玄宗任命宰相张说为工程总指挥，主持改建蒲津桥。具体来讲，就是把竹索浮桥改建成铁索浮桥，又在河的两岸铸造八只大铁牛，紧拽铁索。《新唐书·地理志》记载：

> 有蒲津关，一名蒲坂。开元十二年铸八牛，牛有一人策之，牛下有山，皆铁也，夹岸以维浮梁。[2]

每条铁牛重达六十吨左右，铁牛身后还有一个铁人，铁牛和铁人下面还有小山，牛、人、小山都是铁铸的。这样耗铁量就很大了。据说蒲津桥的耗铁量，占了当时全国年产铁量的五分之四。而整个蒲津桥的改建工程则耗费了唐朝政府一年的财政收入。唐朝官方编纂的《唐六典》在讲到蒲津桥时，有这样一句话：

> 天下河桥有三，此其一也。[3]

意思是说，当时的中国有三座大河桥，一座是蒲津桥，另外两座是

---

[1] 李吉甫：《元和郡县图志》（上），中华书局1983年版，第328页。

[2] 欧阳修、宋祁撰：《新唐书·地理志》，中华书局1975年版，第1000页。

[3] 李林甫等撰、陈仲夫点校：《唐六典》，中华书局2014年版。

太阳渡桥和孟津渡桥。

蒲津桥的改建大大地方便了长安与河东地区的物质和人员往来，当时河东地区许多读书人去长安应试或求官，长安许多官员去河东地区公干，都要经过蒲津桥。经过蒲津桥，如果是没有上过鹳雀楼的，一般都会上去看一看。

从某种意义上讲，蒲津桥和鹳雀楼是一个命运共同体，它们是相辅相成的。清代诗人崔景僖有一首诗，题目叫《鹳雀楼晚眺》，开头两句写道：

鹳雀翩翩去不还，高楼千载镇雄关。[1]

这个"雄关"，就是蒲津关，也就是蒲津桥；"高楼"，就是鹳雀楼。"高楼千载镇雄关"这一句，可以说是很好地概括了鹳雀楼与蒲津桥的关系。在战争年代，鹳雀楼的作用之一，就是镇守蒲津桥。在和平年代，蒲津桥的作用之一，就是接送登鹳雀楼的人过黄河。

唐代以后，随着中国的政治文化中心东移，国都一直在东部的开封、杭州、南京、北京等地移动，长安城因此逐渐衰落。随着长安城的衰落，蒲津桥也风光不再。又由于气候的变化和人类的乱砍滥伐，洪水泛滥，黄河河道忽东忽西，蒲津桥也多次被淹到大水中，以致最后消失。

在小学三年级的语文课本中，有一篇课文叫《捞铁牛》，讲的是宋朝的时候，有一回黄河发大水，冲断了河中府城外的一座浮桥。河两岸拴住浮桥的八只大铁牛，也被大水冲走了，陷在河底的淤泥里。后来洪水退了，马上要重修浮桥。可是有哪个大力士能把那么笨重的铁牛从河里捞起来呢？人们正在议论纷纷，一个和尚说："我来试试看。铁牛是被水

---

[1] 引自中国文物学会历史文化名楼保护专业委员会编《中国历史文化名楼系列丛书·诗歌卷》，文物出版社2015年版，第464页。

冲走的,我还叫水把它们送回来。"

这座"浮桥"就是蒲津桥。这个和尚名叫怀丙。他是用什么办法把铁牛从河底捞上来的呢。其实就是利用了水的浮力。

遗憾的是,在后来的日子里,由于黄河多次发大水,蒲津桥还是被冲毁了,岸上的八只大铁牛再次陷进河底的淤泥,而且无影无踪。

令人欣慰的是,1989年,山西省永济市博物馆的专家通过一年多的勘探和走访,终于在蒲州古城西门外偏北的地方找到了蒲州这一边的四只铁牛的踪迹,蒲州对岸的四只铁牛还没有找到。考古人员通过专业鉴定,证明这四只铁牛就是唐代铸造的铁牛。由于找到了唐代铸造的铁牛,沉没上千年的唐代蒲津渡遗址也得以重见天日。这是一个重要的考古发现。今天我们去山西永济蒲州镇看鹳雀楼,就可以看到蒲津渡遗址。

总之,从北周到金末元初这七百年间,蒲津桥与鹳雀楼是一个命运共同体,它们是相辅相成的。在战争年代,鹳雀楼的使命之一就是镇守蒲津桥;在和平年代,蒲津桥的使命之一就是接送登鹳雀楼的人过黄河。鹳雀楼与蒲津桥,一竖一横,构成了黄河东岸一个壮观的立体图景。

可能有人会问,既然古代的蒲津桥与鹳雀楼的关系如此密切,为什么在后人的心目中,蒲津桥的分量远远没有鹳雀楼那么重呢?请看下文。

请君更上一层楼

我在上文的结尾提到这样一个问题：既然古代的蒲津桥与鹳雀楼的关系如此密切，为什么在后人的心目中，蒲津桥的分量远远没有鹳雀楼那么重呢？

我认为，这是因为鹳雀楼的文化含量比蒲津桥更重。鹳雀楼在人们心中，早已成为一个登高望远的文化符号，一个昂扬向上的精神象征。而蒲津桥则不是，它没有被赋予这种文化内涵。那么，是什么赋予了鹳雀楼这种登高望远、昂扬向上的文化内涵呢？是优秀的文学作品。

事实上，在古代，写蒲津桥的文学作品也不是没有，例如唐玄宗就写过蒲津桥，唐代另外两位著名诗人温庭筠、李商隐也写过蒲津桥，但是和写鹳雀楼的作品相比，写蒲津桥的作品不仅数量少，也缺乏上乘之作。

写鹳雀楼的文学作品就比较多了。除了著名诗人王之涣写过鹳雀楼，还有诗人畅诸、李益，以及当地诗人卢纶、耿湋、畅当等都写过鹳雀楼，而且质量都比较高。尤其是王之涣的《登鹳雀楼》这首诗，质量非常高，影响非常大。据有关学者统计，在最有影响的一百首唐诗中，王之涣的《登鹳雀楼》排位第四（见《唐诗排行榜》）。正是这首诗赋予了鹳雀楼登高望远、昂扬向上的文化内涵；也正是这首诗极大地提高了鹳雀楼的知名度和影响力。那么，这首诗究竟写了些什么呢？

《登鹳雀楼》的景和意

一首诗，一般包含两个基本要素：一个是景物，一个是情意。情意，也就是文化内涵。我们来看看王之涣的《登鹳雀楼》这首诗：

> 白日依山尽，黄河入海流。
> 欲穷千里目，更上一层楼。
>
> ——《登鹳雀楼》[1]

这首诗一共写到了五个景物：一是白日，二是山，三是黄河，四是海，五是楼，也就是鹳雀楼。这五个景物有没有可能在同一个时间出现呢？

有人认为，这五个景物不可能在同一个时间出现。首先，诗人在鹳雀楼上，根本就不可能看到海，海是想象之景，是根据黄河的流向而推测的。这一点好理解。其次，在"白日依山尽"的时候，也就是在太阳落山的时候，诗人站在鹳雀楼上，如果他的视线里有"白日"，那就不可能同时有"山"。因为这个"山"，按照宋代学者沈括的说法，是指中条山，所谓"前瞻中条，下瞰大河"。但是中条山在鹳雀楼的东南边，"白日"则在中条山的西南边，一个人在面对西南边的"白日"时，怎么可能同时看到东南边的中条山呢？[2]

这似乎是一个问题。我也曾经相信过这个说法。后来，我亲自去了

---

[1] 《全唐诗》卷二五三，中华书局1960年版，第2849页。

[2] 简锦松：《王之涣〈登鹳雀楼〉诗现地研究》，《唐诗现地研究》，台湾中山大学出版社2006年版，第195—196页。

一趟鹳雀楼,我向鹳雀楼公园管理处的同志提到了这个问题。他的回答是,在看"白日"西下的时候,如果天气晴朗,没有云雾,也是可以同时看到山的。不过,这个山不是东南边的中条山,而是西南边的华山。他还指给我看。在鹳雀楼的西南边,视线越过黄河,往远处看,确实有一道山的轮廓。他说,这就是华山。

由此我想到,唐代的自然环境比今天要好,至少是没有这么多的雾霾,因此诗人站在鹳雀楼上看"白日"西下时,应该是可以清晰地看到华山的。

这个经历告诉我们,要想真正了解一座楼的地理方位及其周边景物,仅仅看参考资料是远远不够的,你得去做实地考察。就像著名诗人陆游所讲的那样:"纸上得来终觉浅,须知此事要躬行"(陆游《冬夜读书示子聿》)。看楼如此,看其他景物或其他事物,又何尝不是这样呢?

下面再说说《登鹳雀楼》这首诗的情意,也就是文化内涵。关于《登鹳雀楼》这首诗所包含的情意,古往今来的读者都是有共识的:就是一种昂扬向上的励志精神,一种登高望远的人生哲理。它告诉人们:要想看得远,就得站得高。登高则能望远,这是一个普遍真理。由于作品揭示了一个普遍真理,因此就得到了人们的普遍认可。多年来,人们都是把它当作一首励志诗和哲理诗来读的。它开阔了人们的胸襟,提高了人们的精神境界,给了人们一种积极向上、昂扬奋发的动力。

前几年,台湾有一位研究唐诗的学者提出了一个不同的观点。他认为,鹳雀楼是一个军事设施,不同于黄鹤楼一类的商业酒楼可以随兴而登,呼朋而饮,而是要由军政长官率同登楼的。因此,凡是登上此楼者,都显得"快乐与自负",因此这首诗的主题就不是励志了,而是写登楼者个人的"快乐与自负"。①

诚然,对于一首诗,不同的读者可以有不同的理解,这是很正常的。不过,这位学者有一个误解,他认为这个楼在唐代,尤其是在作者写这首诗的盛唐时期,还是一个军事设施,而不是一个可以随兴而登的观景楼,这并不符合事实。不错,鹳雀楼在北周初建的时候或者在此后的战争年代,确实是一个军事设施,不是一般人可以随兴而登的,但是在和平年代,尤其是在作者写作这首诗的盛唐,它就是一个可以随兴而登的观景楼了。唐人李翰的《河中鹳雀楼集序》中有这样几句话:

> 以其佳气在下,代为胜概。四方隽秀有登者,悠然远心,如思龙门,若望昆仑。②

这几句话表明,在唐代,"四方隽秀"不仅可以随兴而登此楼,而且登楼的心情是"如思龙门,如望昆仑",这正是一种登高望远、昂扬奋发的精神状态。

《登鹳雀楼》作者之谜

可惜这样一首非常好的诗,在学术界至今还存在争议。

什么争议呢?著作权上的争议。也就是说,在这首诗的著作权问题

---

① 简锦松:《王之涣〈登鹳雀楼〉诗现地研究》,《唐诗现地研究》,台湾中山大学出版社2006年版,第221页。

② 董诰等编:《全唐文》卷四三〇,上海古籍出版社1990年版,第1939页。

上,学术界存在不同意见:一种意见认为,这首诗是王之涣写的;另一种意见则认为,这首诗是一个叫朱斌的人写的。

第一种意见可以称为"王之涣说",第二种意见可以称为"朱斌说"。

"朱斌说"有一个证据,就是在最早的唐诗选本《国秀集》里,收录了一首名为《登楼》的五言绝句,这首五言绝句的内容和文字与王之涣的《登鹳雀楼》是一模一样的,只是题目少了"鹳雀"这两个字。但是《国秀集》把这首诗归在了朱斌的名下,而没有归在王之涣的名下。《国秀集》的编者叫芮章挺,是盛唐时期的一位太学生,王之涣则是盛唐诗坛上的一位著名诗人。也就是说,芮章挺与王之涣是同时代人,他对王之涣的作品应该是很熟悉的。在《国秀集》里,他收录了王之涣的两首《凉州词》和一首《宴词》,但是没有收录他的《登鹳雀楼》。"朱斌说"认为,如果《登鹳雀楼》的作者是著名诗人王之涣,那么芮章挺作为王之涣的同时代人,怎么会把这首诗归在一个并不知名的朱斌名下呢?

当然,"王之涣说"也是有证据的,而且还不只一个证据。

证据之一:在北宋著名学者沈括的《梦溪笔谈》中,有这样一段记载:

> 河中府鹳雀楼,三层,前瞻中条,下瞰大河,唐人留诗者甚多,唯李益、王之涣、畅诸三篇能状其景。……王之涣诗曰:"白日依山尽,……"①

沈括可不是一般的学者,他是一位学识渊博、对古今掌故都很熟悉的学者,而《梦溪笔谈》又是一部很有科学价值的名著。因此,"王之涣

---

① 沈括:《梦溪笔谈》卷十五,中华书局2016年版,第345页。

说"认为，沈括的记载是可信的。

证据之二：在北宋著名史学家司马光的《温公续诗话》中，也有一段记载：

> 唐之中叶，文章特盛，其姓名湮没不传于世者甚众。如河中府鹳雀楼有王之涣、畅诸诗。……王诗曰："白日依山尽，……"①

司马光也不是一般的学者，他是《资治通鉴》这部名著的主要作者，是一位严谨的史学家，而且还是夏县人。夏县离鹳雀楼很近，今天的夏县和鹳雀楼所在的永济市都属于山西省运城市管辖。

"王之涣说"认为，夏县离鹳雀楼既然很近，司马光作为一位严谨的史学家，应该是亲自到过鹳雀楼的。也就是说，他的记载是可信的。

正因为《登鹳雀楼》这首诗存在著作权上的争议，所以清朝人在编《全唐诗》的时候，就采取了一种两全的办法，既在这部书的第二○三卷里收录了朱斌的《登楼》，并且注明"一作王之涣诗"；又在这部书的第二五三卷里收录了王之涣的《登鹳雀楼》，并且注明"一作朱斌诗"。

我也认为，这首诗可能存在著作权上的争议。但是，一个众所周知的事实是，从宋代以后直到今天，所有的唐诗选本都把这首诗归在了王之涣的名下，这是为什么呢？据我的分析，大约有三个原因：

第一，如果这首诗是朱斌写的，那么大名鼎鼎的王之涣怎么可以把人家的作品堂而皇之地写在鹳雀楼上呢？他自己难道不会写诗吗？当然，可能有人会说，这首诗不是王之涣本人题写在鹳雀楼上的，是别的人题写在鹳雀楼上的。那么别的人为什么要这样做呢？如果是为了借名人之名，那么为什么要借王之涣之名，而不借别的名人之名呢？因此，许多

---

① 何文焕辑《历代诗话》卷上：中华书局1981年版，第278页。

学者对"朱斌说"是将信将疑的。

第二，许多学者相信沈括和司马光，相信他们都是知识渊博、治学严谨的学者，相信他们的记载不会有错。

第三，朱斌是个什么人？史料上缺乏记载。根据《国秀集》的介绍，他是一个处士，也就是一个没有做官的读书人。但是他并没有留下其他作品。如果他还留下了其他作品，那么人们还可以根据他的其他作品来推断，他有没有达到写作《登鹳雀楼》这首诗的水准。

王之涣就不一样了。何以见得呢？下面我们就要讲一讲王之涣这个人。

辞官漫游与旗亭画壁

那么，王之涣是一个什么样的人呢？可以说，他不仅是一个非常有才华的人，而且还是一个非常豪放的人，他的身上有侠客之风。

我讲两个故事。通过这两个故事，大家不仅可以判断王之涣有没有可能去过鹳雀楼，有没有可能写作《登鹳雀楼》这首诗，还可以判断他有没有达到写作《登鹳雀楼》这首诗的水准。

第一个故事：辞官漫游。

王之涣（688—742），字季凌，绛州人。唐代的绛州就是今天的新绛县，今天的新绛县与鹳雀楼所在的永济市同属于山西省运城市管辖。也就是说，王之涣的家离鹳雀楼是很近的。

王之涣的父亲王昱做过汴州俊仪（今属河南）县令，因此他也算是一个官家子弟。此人从小聪明过人，但是并不好好读书，也不参加科举考试，而是喜欢结交豪门子弟，习武练剑，架鹰打猎，开怀畅饮，慷慨悲歌，很有侠客之风。后来一朝顿悟，才开始认真读书。

王之涣没有科举功名，经人推荐，才做了冀州衡水县（今河北衡水市）主簿。衡水县，也就是生产"衡水老白干"的那个县，他在这里做了一个掌管文书的小官。虽然好酒有得喝，但是不得志，又有些心高气傲，这样就得罪了人，于是就有人诬陷他。至于诬陷他什么，文献上没有记载，我也不敢主观臆断。遭人诬陷，按照常理，就得去辩白，去澄清，他的亲戚朋友也劝他去找领导解释一下，但是王之涣不耐这个烦。怎么办呢？等着受处分吗？不，干脆辞官走人。用今天的话来讲，就是"世界很大，我想去看看"。

王之涣辞官之后，就开始漫游天下。说到这里，我要强调一下，我刚才讲过，王之涣的家离鹳雀楼是很近的，他去鹳雀楼是很方便的。他既然已经辞官，既然开始漫游天下，而鹳雀楼离他的家又很近，他怎么可能不去看看呢？既然看了，作为一位诗人，又怎么可能不写诗呢？因此，王之涣登卜鹳雀楼的可能性是很大的，写作《登鹳雀楼》这首诗的可能性也是很大的。

王之涣的足迹遍及黄河南北数千里，而且到了西北边塞。正是因为到了西北边塞，亲身感受了边塞风光，深切理解了戍边将士的思想情感，他写下了两首很有名的《凉州词》，其中第一首最为有名：

> 黄河远上白云间，一片孤城万仞山。
> 羌笛何须怨杨柳，春风不度玉门关。
> ——《凉州词二首》其一[①]

[①]《全唐诗》卷二五三，中华书局1960年版，第2849页。

远处的黄河蜿蜒而上，仿佛悬挂在白云之间。白云之下是万仞群山，群山深处有一座孤城，孤城里传来羌笛的声音。那羌笛在演奏一首名叫《折杨柳枝》的曲子，听起来非常哀怨。在西北边塞，本来是没有杨柳的，但是戍边将士听到《折杨柳枝》这只曲子，就会想到家乡的杨柳，就会思念家乡的亲人。这就是乡愁。乡愁来袭，怎么办呢？

按照汉唐以来的规定，戍边将士如果没有朝廷的特许，是绝对不允许回家的，甚至绝对不允许走出玉门关。据《史记·大宛列传》记载，汉武帝于太初元年，命令将军李广利率兵攻打大宛，士兵因为饥饿，攻战不利，请求罢兵。汉武帝闻之大怒：

使使遮玉门关曰："军有敢入者辄斩之！"①

汉代如此，唐代也一样。诗人王之涣是深知这一点的，因此他代表那些思乡的戍边将士，发出了这样的感叹："羌笛啊，你何必演奏这么哀怨的《折杨柳枝》呢？春风过不了玉门关，这里是长不出杨柳的，你何必要吹出这种曲子惹得将士们伤心呢？""春风"在这里有两层意思，既指自然界的春风，也指皇帝的恩泽。意思是说，皇帝不顾将士们的感受，不顾将士们的死活，他的恩泽根本到不了玉门关啊！

由于描写了西北边塞的奇特风光，表达了戍边将士的思乡之情，豪迈之中透着悲壮，这首诗引起了天下读者的强烈共鸣，在社会上产生了强烈反响，被认为是唐代最优秀的边塞诗之一。据有关学者统计，在最有影响的一百首唐诗中，王之涣的这首《凉州词》排位第三（见《唐诗排行榜》）。

第二个故事：旗亭画壁。

---

① 司马迁《史记·大宛列传》，浙江古籍出版社2000年版，第953页。

这个故事来自于唐人薛用弱的《集异记》这本书。说是开元年间，王昌龄、高适、王之涣三人在诗坛上齐名，不分高下。但是在政治上都不得志，没有官职，没有地位，没有钱。不过三个人经常在一起游玩。有一天，下着小雪，他们三个人一起去一个旗亭（酒楼），赊了一壶酒，在那里小酌。忽然，有十多个梨园伶官（梨园是唐玄宗亲手创立的国家音乐机构，伶官是指梨园的乐工和歌妓）来酒楼演出。于是这三个诗人就都离开原先的席位，在酒楼的一个角落坐下来，一边烤火取暖，一边观看演出。不一会儿，有四个妙龄歌妓陆续登台，服饰非常艳丽，身材、容貌非常漂亮。接着就开始奏乐，奏的都是当时的名曲。这时，王昌龄就提议说：我们三人在诗坛上都很知名，但是我们之间从来没有排个名次，今天我们好好听一听这几位漂亮歌妓的演唱，谁的诗被谱成歌曲演唱的多，谁就是第一名。高适和王之涣都表示赞同。

一会儿，一个妙龄歌妓敲打着竹板（一种古乐器），开始唱王昌龄的《芙蓉楼送辛渐》："寒雨连江夜入吴，平明送客楚山孤。洛阳亲友如相问，一片冰心在玉壶。"王昌龄就抬手在酒楼的墙壁上画一笔，说："一绝句。"过一会儿，又一个妙龄歌妓唱高适的《哭单父梁九少府》："开箧泪沾臆，见君前日书。夜台今寂寞，独是子云居"。于是高适就抬手在墙壁上画一笔，说："一绝句。"再过一会儿，第三个妙龄歌妓又唱王昌龄的《长信秋词》："奉帚平明金殿开，且将团扇共徘徊。玉颜不及寒鸦色，犹带昭阳日影来"。于是王昌龄又抬手在墙壁上画一笔，说："二绝句。"

王昌龄、高适的诗都被演唱了，王昌龄的还被演唱了两首，而王之涣的一首都没有。这时王之涣就有些坐不住了，心想他那么早就出名了，居然还没有一个歌妓唱他的诗。于是他就对王昌龄和高适说："这三个歌妓都很寒碜，唱的都是下里巴人，哪有本事唱阳春白雪？我跟你们打个赌，等会那个最漂亮的歌妓开口演唱，如果她唱的不是我的诗，我从此以后，不再跟你们比高下。如果她唱的是我的诗，你们两个必须跪在我跟前，拜我为诗宗！"王昌龄、高适两个人都笑着说："好，好，好，我们都听你的，且看她唱谁的诗吧！"果然，那位最漂亮的歌妓，一开口，就是王之涣的《凉州词》："黄河远上白云间，一片孤城万仞山。羌笛何须怨杨柳，春风不度玉门关。"王之涣得意地说："怎么样？你们这两个田舍奴（庄稼汉），我没吹牛吧？"于是，三个诗人就都开怀大笑起来。①

这就是传诵千古的"旗亭画壁"的故事。关于这个故事的真实性，明代学者胡应麟曾经表示过怀疑（见《少室山房笔丛》第四十一卷），但是更多的学者是表示相信的，理由有两点。第一，把诗人的绝句谱成歌曲用于歌唱，这是当时的风气。也就是说，唐代最流行的绝句往往也是最流行的歌词。第二，王之涣与王昌龄、高适之间的交往是有文献资料可以证明的。

王之涣在五十五岁的那一年因病去世。值得注意的是，作为盛唐时期与王昌龄、高适齐名的著名诗人，王之涣留下来的诗并不多，只有六首。大家不妨想一想：王之涣活了五十五岁，怎么可能只有六首诗呢？我猜想，应该不只六首。很有可能多数的诗都散失了。为什么会散失呢，这可能与他那豪放的性格有关，多数时候随写随扔，没有存心保留。也许《登鹳雀楼》这首诗就是这样，随写随扔，甚至连名字都没有署上，后来被一个叫朱斌的人抄写在一张纸上，再后来又被一个叫芮挺章的人收进了《国秀集》。当然，我这只是一种猜想，不能说是结论。

总之，王之涣和朱斌是不一样的，朱斌只留下了《登楼》这一个作

---

① 薛用弱《集异记》卷二，引自傅璇琮主编《唐才子传校笺》（一），中华书局1987年版，第449—450页。

品，并没有留下别的作品，因此没有证据表明他的写作能力达到了写作《登鹳雀楼》这首诗的水准；王之涣就不一样了，他除了《登鹳雀楼》，还有《凉州词》这样的作品，而且《凉州词》又写得非常好，其影响甚至比《登鹳雀楼》还要大，通过他的《凉州词》，人们就可以判断，他完全达到了写作《登鹳雀楼》这首诗的水准。

因此，在朱斌的著作权因为证据短缺而难以确认的情况下，人们就只能把这首诗归在王之涣的名下了。

《中华名楼》一共讲了八座楼。这八座楼，最初都不是因文学而建的，但是后来都因文学而名满天下。每座楼在历史上都曾遭到破坏，但是后来都因文学的魅力而得到重建。这个事实告诉我们：中华名楼作为一种物质存在，它的寿命是有限的，但是作为一种精神存在，它是不朽的。正如李白的《江上吟》一诗所写的："屈平辞赋悬日月，楚王台榭空山丘。"我们既要很好地保护这些中华名楼，更要很好地珍惜这些名楼的文学价值。这种具有文学价值的中华名楼就是文学地理学所讲的文学景观。文学景观的价值是无法估量的。正是这些文学景观，深刻地影响了中华民族的精神世界。

〔关于鹳雀楼的问答〕

一、鹳雀楼之所以叫鹳雀楼,和鹳雀这种鸟类有关吗?

鹳雀楼之所以叫鹳雀楼,确实和鹳雀这种鸟类有关。原来的鹳雀楼就在黄河边上,黄河的河滩上就有许多鹳雀。鹳雀这种鸟类很有特点,它觅食在河滩上,吃那些游过来的小鱼小虾,栖息则在高处,例如鹳雀楼上就栖息着许多鹳雀。

二、鹳雀这种鸟在中国文化中具有怎样的文化含义呢?

鹳雀其形似鹤,不仅颜值很高,而且很执着、很有耐心。它常常伫立在水边,等待游鱼游虾,因此它有一个俗名,叫"老等",可以象征中国文化中的那种执着和韧性。

三、《登鹳雀楼》这首诗的创作体现了怎样的时代特色?

《登鹳雀楼》这首诗是盛唐诗人王之涣写的。盛唐是一个朝气蓬勃、昂扬向上、奋发有为的时代,这首诗所体现的就是一种朝气蓬勃、昂扬向上、奋发有为的时代精神。

四、唐代有一位叫畅当的诗人也写过一首《登鹳雀楼》,为什么这首诗没有王之涣这首流传广呢?

畅当确实写过一首《登鹳雀楼》:"迥临飞鸟上,高出尘世间。天势围平野,河流入断山"。也写得不错。但是这首诗之所以没有王之涣的那首诗流传得广,有两个原因:第一,畅诗的视野虽然也很开阔,但是没有王诗的气魄宏伟,缺乏王诗的那种象征精神。畅当是唐代宗时代的人,王之涣是唐玄宗时代的人；一个是中唐人，一个是盛唐人。中唐没有盛唐的那种气魄，缺乏那种朝气蓬勃、昂扬向上、奋发有为的时代精神。时代精神对诗歌是有影响的。第二，王之涣的名气本来就比畅当大得多，他除了《登鹳雀楼》这首诗，还有《凉州词》，也是非常著名的作品。名人名作，影响自然更大。

后记

认识文学景观

这本书所讲的八座中华名楼全是文学景观。

何谓文学景观？在了解这个名词之前，让我们先了解一下景观这个名词。"景观"是一个地理学名词，西方地理学家给它下过许多定义。有的称它为"土地"，有的称它为"风景"，有的称它为"一个地区的外貌"，还有的称它为"土地上的可以看到的形象"。[①] 在汉语里，"景观"是由作为名词的"景"与作为动词的"观"所构成的一个词组，因此，我们可以给它下一个中国式的定义：即具有观赏价值的风景。然而无论是西式定义还是中式定义，"景观"都包含了这样几层意思：一是土地上的可视性物体，二是具有形象性或观赏性，三是自然属性与人文属性的统一。

一、何谓文学景观

所谓文学景观，是指那些与文学密切相关的景观，它属于景观的一

---

① 参见［英］R.J.约翰斯顿主编、柴彦威等译《人文地理学词典》，商务印书馆2005年版，第367—368页。

种，却又比普通的景观多了一层文学的色彩和内涵。简言之，所谓文学景观，就是具有文学属性的自然或人文景观。

文学景观就其存在形态来讲，可以分为两种：一种是虚拟性文学景观，一种是实体性文学景观。所谓虚拟性文学景观，是指文学家在作品中所描写的景观，大到一山一水，小到一亭一阁，甚至一草一木。《西游记》中孙悟空住过的花果山、水帘洞是文学景观；《水浒传》中宋江题诗的浔阳楼是文学景观；《红楼梦》中林黛玉吟咏过的桃花也是文学景观。总之，大凡能够让文学作品中的人物看得见、摸得着，具有可视性或形象性的土地上的景、物和建筑，都可以称为虚拟性文学景观，简称虚拟景观。

所谓实体性文学景观，是指现实中的文学景观，包括文学家光临题咏过的山、水、石、泉、亭、台、楼、阁，文学家的故居、墓地、纪念馆等，例如崔颢题咏过的黄鹤楼、李白题咏过的庐山瀑布、淮安古城的吴承恩故居、洛阳琵琶峰下的白居易墓等。总之，大凡现实中的能够让人看得见、摸得着，与文学家的生活、学习、工作、写作、文学活动密切相关且具有一定观赏价值的自然和人文景观，都可以称为实体性文学景观，简称实体景观。

虚拟景观和实体景观是相对而言的，在一定的条件下是可以互相转换的。虚拟景观可以变成实体景观，实体景观也可以变成虚拟景观。例如陶渊明笔下的桃花源，本是一个虚拟景观，后人因为喜欢这篇《桃花源记》，向往那种优美、和谐、没有污染与邪恶的生活环境，于是就在东晋时的武陵郡故地（今湖南常德市）修建了一处桃花源，由于许多人都去观光、游览、体验，于是这个虚拟景观就成了一个实体景观。又如庾亮南楼（原址在今湖北鄂州市境内），原是一处实体景观，唐宋诗人多有吟咏。但是到了元代就被毁坏了，元人黄庚《题东山玩月图》一诗即有

"庾亮南楼今在不"一问。而明清诗词中的庾亮南楼，就成了一个虚拟景观。

在现实生活中，人们所见到的文学景观都是实体性文学景观，只有在文学阅读中，才会欣赏到虚拟性文学景观。这里所讲的文学景观专指实体性文学景观。现实生活中的实体性文学景观可以分为三种类型：一是人文型文学景观，这类景观大多以历史建筑为载体，如文学家的故居、墓地、曾经就读过的学校、曾经工作过的场所、曾经品题赋咏过的亭、台、楼、阁和其他建筑物等；二是自然型文学景观，这类景观大多以自然风景为载体，但是都经过文学家的品题赋咏，如长江、黄河、喜马拉雅山、鸟的天堂等；三是综合型文学景观，这类景观既有自然风景，又有历史建筑，是上述两种景观的综合体，如都江堰、杭州西湖、庐山、泰山等。

如何识别一个文学景观？以下六个标准可供参考：第一，是否经过著名文学家的书写？包括诗、词、文、赋、联、题字等多种形式。第二，是否留下一件以上的脍炙人口的文学作品？或者至少一个流传久远的文学掌故？第三，是否具有一定的观赏性、一定的审美或艺术价值？第四，是否具有一定的文化内涵或普遍意义？第五，是否在古今游人或读者中拥有比较广泛的影响？第六，在遭到自然或人为的损毁之后，是否还有重建的必要？

符合以上六个标准，即可称为文学景观。

总之，文学景观以历史建筑和自然风景为基本载体，同时又具有文学的内涵和审美的价值。文学景观是地理环境与文学相互作用的结果，它既是景观，又是文学的一种地理呈现。它是刻写在大地上的文学。以往的文学研究并不涉及文学景观，文学景观是文学地理学研究的一项独特内容。或者说，是文学地理学的一个独特发现。

二、文学景观的意义

文学景观既是一个客观的物质存在，又是一个具有多义性的象征系统。

在当今世界，纯粹的自然景观已经很少了，凡是人迹能至的自然景观，都留下了人类活动的印痕，都被赋予了人文意义。不同的人，由于个人感受、情感、思想、文化积淀、生活经历、价值观念、审美趣味，以及时代、民族、地域、宗教信仰等方面的差异，往往会赋予景观以不同的意义。甚至同一个人，由于观景的时间（时令）、角度、方式和心境的不同，也会赋予景观以不同的意义。

岳阳楼

湖南省岳阳市（唐宋时的岳州）西门城头的岳阳楼，是东汉末年以来的一处著名的人文景观，与湖北武汉的黄鹤楼、江西南昌的滕王阁并称"江南三大名楼"。1800年来，无数的文人墨客登临和书写此楼，留下了大量的文学作品，包括诗、词、文、联等。在这些文学作品中，又以唐代孟浩然的五律《临洞庭湖赠张丞相》、杜甫的五律《登岳阳楼》和宋代范仲淹的"传奇体"古文《岳阳楼记》最为知名。三个作品都描写了岳阳楼这个人文景观，以及以这个人文景观为视点所看到的洞庭湖这个自然景观，丰富了人们对这两个景观的地理感受与地理认知。但是，作为读者，我们从这两个景观中所领会到的人文意义却是不一样的。孟浩然的《临洞庭赠张丞相》所包含的是一种太平盛世的入世热情，杜甫的《登岳阳楼》所包含的是一种动乱时代的漂泊和孤独之感，而范仲淹的《岳阳楼记》所包含的意义则更为丰富。他写了登临岳阳楼观赏洞庭湖的三种不同感受：一种是在"霪雨霏霏"之时登楼的"去国怀乡，忧谗畏讥"之感；一种是在"春和景明"之时登楼的"心旷神怡""其喜洋洋"之感；还有一种，就是无论在"霪雨霏霏"之时登楼还是在"春和景明"之时登楼，均能超越个人之得失荣辱，均能达到"不以物喜，不以己悲"之境，所谓"居庙堂之高则忧其民，处江湖之远则忧其君"，"先天下之忧而忧，后天下之乐而乐。"时间（时令）不同，遭遇不同，人生的怀抱与境界不同，观景的感受也大异其趣。正如范仲淹所概括的那样"览物之情，能无异乎？"。由此可见，文学景观的意义是由不同的作家和读者在不同的时间所赋予、所累积的。

文学景观既是一个可供观赏的景观，又是一个可供阅读的"文本"。文化地理学认为，人类的知识主要来自三大文本，一是书写文本（writing text），即通过读书来获得知识；二是口述文本（oral text），即通过谈话交流来获得知识；三是景观文本（landscape text），即通过眼睛对景观的观察来获得知识。从某种意义上讲，人类通过景观文本所获得的知识，比通过书写文本和口述文本所获得的要丰富得多。因为，无论是书写文本还是口述文本，都会受到语言的限制，而景观文本是超越语言的。无论讲哪一种语言的人，都可以通过景观阅读来感受对象的文化特点与文化差别。所以，景观在文化传播中具有特别的优势。[1]

---

[1] 唐晓峰：《文化地理学释义》，学苑出版社2012年版，第206—207页。

而在所有的文化景观中，又以文学景观的意义最为丰富，因为文学景观是可以不断地被重写、被改写的。越是历史悠久的文学景观，越是著名的文学景观，其被赋予的意义越丰富。尤其是那些著名的文学景观，可以说是人类思想的一个记忆库。文学地理学把文学景观研究作为一个重要内容，就是提倡从不同的层面、不同的角度去观照、去审视、去解读、去开采这座人类思想与意义的富矿。

三、文学景观的价值

说到文学景观的价值，令人想到近年来的名人故里之争。其中，许多名人故里之争实为文学名人故里之争，也就是文学景观之争，例如"屈原故里之争""李白故里之争""三曹故里之争""曹雪芹故里之争"等，这些争论虽具有一定的学术价值，但是在争论的背后，不能排除经济利益的驱动。

在传统的农业社会或者计划经济时代，包括文学名人故里在内的文学景观的经济价值是无由彰显的，它只是人们的一个登临游览之所，一个引发思古之幽情的地方，一个引发文学的灵感与才情的地方；在现代商业社会或市场经济时代，包括文学名人故里在内的文学景观的经济价值被高度彰显，被一再放大，甚至到了不可理喻的程度。

文学景观的巨大的经济价值源于它的巨大的文学价值。文学景观如果没有丰富的永久的文学价值，那么它的经济价值就无从谈起。

许多景观之所以成为景观，或者由一个普通的景观成为著名的景观，就是因为具备了文学的属性和价值。

文学景观的魅力是巨大的，它的魅力源于文学的魅力。例如汉唐时巍峨壮观的阳关和玉门关，在今天看来都不过是久经风蚀雨剥之后的一堆并不起眼的黄土，但是人们仍然不远千里万里来朝拜它们，原因就在于王维的"西出阳关无故人"与王之涣的"春风不度玉门关"等文学名句，激发了人们丰富的历史与地理的想象。如果没有这些文学名句的强烈吸引，如果没有一份因文学而时时鼓荡的文化情怀，谁会冲风冒雪或顶着烈日骄阳，跋山涉水、舟车劳顿地来到这荒凉的一隅？

北宋庆历年间的岳州知州，也就是主持修缮岳阳楼的滕子京（宗谅），为了求得范仲淹的那篇《岳阳楼记》，曾特意给范写了一封措辞诚恳而又很有见地的书信，即《与范经略求记书》。在这封书信里，滕子京表达了这样一个观点："窃以为天下郡国，非有山水瑰异者不为胜，山水非有楼观登览者不为显，楼观非有文字称记者不为久，文字非出于雄才巨卿者不成著。"①这一段话的意思是：一个郡国（地方），如果没有瑰丽奇异的山水，则不能称为胜地（风景优异之地）；这是讲自然景观。有胜地，如果没有楼观（亭台楼阁）供人登览，则不能彰显（为人所知）；这是讲人文景观。有楼观，如果没有文字（诗词文赋联）称颂和记载，则不能传之久远；这是讲文学景观。有文字，如果不是出自雄才巨卿（大家、名家）之手，则不能成著（天下闻名）；这是讲著名文学景观。

这一段话表明，景观可以分为四个层级：一是自然景观，即"山水瑰异者"；二是人文景观，即"有楼观登览者"；三是文学景观，即"有文字称记者"；四是著名文学景观，即文字"出于雄才巨卿"者。四个层级的景观，一个比一个高级。只有自然山水而没有人文内涵的景观，是初级水平的景观；有人文内涵而没有文学内涵的景观，是中级水平的景观；既有自然山水，又有人文内涵，更有文学内涵的景观，才是高级水平的景观；既有自然山水，又有人文和文学内涵，更有优质的文学内涵，则是最高级的文学景观。

可见景观具有多个层级，因而具有多重价值。在景观的多重价值中，

---

① 《湖南通志·地理志》，清光绪十一年刊本。

文学的价值无疑是最高的价值。换句话说，一个景观只有具备了文学的价值，才有可能具备最高的价值。类似滕子京这样的话，后人还讲了很多。例如元人刘仁本的《东湖唱和集序》："山水林泉之胜，必有待夫骚人墨客之品题赋咏而后显闻。若匡庐见于太白之诗，天台见于兴公之赋，而武夷九曲，见于朱紫阳之棹歌也。盖其胜处，多在深僻遐旷寂寞之滨，非得好事者杖履之追游，觚翰之赏识，则夫仙踪佛迹，巨灵幽秘，亦何由而得传闻于世耶？"①

山水林泉之类的自然景观，多在人迹罕至偏僻荒凉之处，鲜有人知，必待好游之士的光临，尤其是待文学家的吟咏、书写，其名声才能彰显。例如庐山、天台山、武夷山等，虽是山水绝佳之处，但是在文学名家光顾和吟咏、书写之前，知之者少。庐山之扬名，得益于唐人李白的《望庐山瀑布》；天台山之扬名，得益于晋人孙绰的《天台山赋》；而武夷山九溪曲之扬名，则得益于宋人朱熹的《武夷棹歌》。

有些自然景观，本来并非山水绝佳之处，看上去并不美，但是由于有了著名文学家的吟咏、书写，很快就声名鹊起，由平庸之景变成名胜之地。唐人刘禹锡的《九华山歌》有句云："君不见敬亭之山黄索寞，兀如断岸无棱角，宣城谢守一首诗，遂使声名齐五岳。"②

安徽省宣城市境内的敬亭山，不过是黄山的一个支脉，东西绵延百余里，大小山峰60座，其最高峰也不过317米。这样的山在中国境内不知凡几，原不足奇。可是，一经南朝著名诗人谢朓的题咏，这座山就出名了。谢朓《游敬亭山》诗云："兹山亘百里，合沓与云齐，隐沦既已

---

① 刘仁本：《东湖唱和集序》，《羽庭集》，文渊阁《四库全书》本。
② 《全唐诗》第十一册，中华书局1960年版，第3996页。

托,灵异居然栖。"①

敬亭山牌坊

海拔317米的一座平庸无奇的小山,居然被夸张为"与云齐"的高山,不仅有高人隐士幽居于此,还有许多灵异之物在此栖息。这就为敬亭山做了一个很雷人的广告。谢朓的这首诗直接影响了他的崇拜者李白,李白曾先后七次登临此山,写过许多诗。其中有一首非常有名,即《独坐敬亭山》:"众鸟高飞尽,孤云独去闲。相看两不厌,只有敬亭山。"②

由于有了谢朓、李白的题咏,敬亭山声名鹊起,直追五岳。来此登临和题咏的著名诗人,唐代有孟浩然、王维、刘禹锡、白居易、韩愈、颜真卿、韦应物、杜牧、李商隐、陆龟蒙,宋代有梅尧臣、范仲淹、晏殊、欧阳修、苏轼、黄庭坚、吴潜、文天祥,元代有贡奎、贡师泰,明代有李东阳、汤显祖、袁中道、文徵明,清代施闰章、石涛、梅清、梅庚、姚鼐等。据不完全统计,历代吟咏、书写敬亭山的诗歌数以千计,敬亭山由此被称为"江南诗山",饮誉海内外,慕名而来者至今络绎不

---

① 逯钦立辑《先秦汉魏晋南北朝诗》中册,中华书局1983年版,第1424页。
② 《全唐诗》第六册,中华书局1960年版,第1858页。

绝。敬亭山也由此成为著名的旅游景观。

为什么一个普通的景观一经著名文学家的品题赋咏就很快声名鹊起，成了一个著名的文学景观呢？这是因为文学的形象性容易唤起人们对相关景观的向往。例如，一说到杭州西湖，人们就会想到苏轼的"水光潋滟晴方好，山色空蒙雨亦奇"（《饮湖上初晴遇雨》），想到柳永的"三秋桂子，十里荷花"（《望海潮》），想到林逋的"疏影横斜水清浅，暗香浮动月黄昏"（《山园小梅》），于是油然产生"何日一游"的愿望，或者尽快一游的打算。又如，一说到黄鹤楼，人们会想到崔颢的"晴川历历汉阳树，芳草萋萋鹦鹉洲"（《黄鹤楼》）；一说到滕王阁，人们会想到王勃的"落霞与孤鹜齐飞，秋水共长天一色"（《滕王阁序》）。许多人就是因为读了苏轼、柳永、林逋、崔颢、王勃的上述名作，才去游览杭州西湖、黄鹤楼和滕王阁这些天下闻名的文学景观的。

景观的形象，在未曾光顾或者登临的人们心里，原是很抽象或者很模糊的。但是凭借文学的描写，人们会由此而生出丰富的联想或者想象，于是这些景观的形象便在脑海里浮现，变得具体可感。这样就会产生游览的愿望或者打算。优秀文学作品的广告效应超过了世界上任何职业的广告人所做的任何广告。

文学的思想情感或者文化内涵，更会唤起人们对于历史、现实、自然和人生的某些感悟或者追寻。例如，说到南京，人们会想到刘禹锡的"朱雀桥边野草花，乌衣巷口夕阳斜。旧时王谢堂前燕，飞入寻常百姓家"（《金陵五题》之二），从而产生游览六朝古都的愿望，感受一下历史的沧桑与人世的变幻。说到泰山，人们会想到杜甫的"会当凌绝顶，一览众山小"（《望岳》），从而产生东游泰山的愿望，体会一下登高一望、众山皆小的博大境界与情怀。景观的思想情感内涵或文化意蕴，往往是由文学赋予的。人们游览文学景观所得到的人生感悟或者启示，往往比读那些未免枯燥的历史著作来得更真实，更丰富，也更深刻。

古人讲："文以楼成，楼以文名。"这句很精辟地概括了文学与景观的辩证关系。没有景观的触发和启示，相关作品无由产生；没有相关作品的影响力，景观也不会有那么高的知名度。英国地理学家迈克·克朗在《文化地理学》一书中指出："文学作品不能简单地视为是对某些地区和地点的描述，许多时候是文学作品帮助创造了这些地方。"[1]他的话是很精辟的。文学作品不仅仅是"广泛展示了各类地理景观"，而且还"帮助创造了"这些景观。

当然，作为以自然景观或人文景观为依托的文学景观，除了文学的价值，还有地理的价值、历史的价值，以及哲学、宗教、民俗、建筑、雕塑、绘画、书法的价值，有的甚至还有音乐的价值，如江西湖口县的石钟山。但是这些价值的实现往往有赖于文学价值的彰显。而且文学的形象性、多义性和感染力，不仅超过了地理、历史、哲学、宗教和民俗，也超过了建筑、雕塑、绘画、书法和音乐。一个著名的文学景观，其价值往往是多方面的，但其最重要的价值还是文学的价值。

据统计，中国境内曾经存在的文学景观多达4768处，至今尚存者至少有1000处以上。对于这些极为宝贵的文学与文化资源，我们应该予以高度重视，并予以积极的研究、保护、开发和利用。而"中华名楼"这个电视系列节目的录制及讲稿的出版，乃是挖掘、研究、介绍中国境内众多文学景观的一个尝试，未尽和未当之处，请广大观众和读者予以补正。

曾大兴
2018年11月25日

---

[1] ［英］迈克·克朗著、杨淑华等译：《文化地理学》，南京大学出版社2005年版，第40页。